Antonio Mira de Amescua

# La adversa fortuna de don Bernardo de Cabrera

## Edición de Vern Williamson

Barcelona **2024**
Linkgua-ediciones.com

# Créditos

Título original: La adversa fortuna de don Bernardo de Cabrera.

© 2024, Red ediciones S.L.

e-mail: info@linkgua.com

Diseño de cubierta: Michel Mallard.

ISBN rústica: 978-84-9816-093-2.
ISBN ebook: 978-84-9897-568-0.

# Sumario

Créditos _____ 4

Brevísima presentación _____ 7
   La vida _____ 7

Personajes _____ 8

Jornada primera _____ 9

Jornada segunda _____ 53

Jornada tercera _____ 91

Libros a la carta _____ 143

## Brevísima presentación

### La vida

Antonio Mira de Amescua (Guadix, Granada, c. 1574-1644). España.

De familia noble, estudió teología en Guadix y Granada, mezclando su sacerdocio con su dedicación a la literatura. Estuvo en Nápoles al servicio del conde de Lemos y luego vivió en Madrid, donde participó en justas poéticas y fiestas cortesanas.

Esta obra, inspirada en la historia política de España, relata la vida de Bernardo Cabrera (Calatayud, 1289-Zaragoza, 1364). Este noble aragonés participó en la conquista de Mallorca en 1343, y comandó la escuadra que derrotó a la flota genovesa y se apoderó del Alguer en 1353. Consejero de Pedro III el Ceremonioso, fue acusado de traición y ejecutado tras negar su apoyo a los aliados de éste, Enrique de Trastámara y Carlos el Malo de Navarra, contra Pedro I de Castilla.

## Personajes

Capitán
Conde de Ribagorza
Conde de Trastámara
Don Bernardo de Cabrera
Don Lope de Luna
Don Ramón de Moncada
Don Sancho de Cabrera, padre
Don Tiburcio
Doña Leonora Enríquez de Lara
Dorotea, criada vieja
Dos contadores
Feliciano, secretario
García, hijo de don Bernardo
Lázaro, lacayo
Leonida, criada
Lisardo, músico
Músicos
Rey de Aragón, Pedro IV
Roberto, lacayo
Tres soldados
Un Tambor
Un Verdugo
Villano
Violante, Infanta

## Jornada primera

(Salen don Lope y Lázaro, lacayo.)

Lope                 Las veces que considero
del modo que me ha traído
la Fortuna, le agradezco
que me reserva el juicio.
«Que han de ser los hombres nobles
—un sabio romano dijo—,
en prosperidad modestos
y en la adversidad sufridos.»
Diráme alguno que yo
pocas desdichas he visto,
que habiendo nacido pobre
en mi mismo estado vivo.
Porque solamente aquellos
que estado humilde han tenido
y que se ven levantados
desdichados llama el siglo.
Pero yo digo que son
de mayor lástima dignos
los que jamás en su vida
prosperidad han tenido.
Aunque se viva edad corta,
es mejor haber nacido
y en las cosas de fortuna
puede decir que es lo mismo.
En un tiempo a Zaragoza
don Bernardo y yo venimos,
decir puedo que la dicha
de César truje conmigo.
Mas la inconstante Fortuna
que en este profundo abismo

de la corte le echó a tierra
y a mí me trae en bajíos.
Cuatro títulos le han dado
y en palacio tres oficios,
y la Encomienda Mayor
y hoy es el hombre más rico
que en Zaragoza conocen.
Mañana a ser su padrino
llega el Príncipe don Juan
que tanto el Rey le ha querido
que con su hermana le casa.
Sabe Dios que no le envidio
sino que en su bien me alegro,
porque en efecto es mi amigo.
Él gobierna aquestos reinos
tan amado y tan bien quisto,
que todos al Rey bendicen
porque su corte le hizo.
Y a mí, que en las dos batallas,
como la fama habrá dicho,
desde el Ebro hasta el Danubio,
desde el Bétis al Calixto,
hice en servicio del Rey
cosas que no se han escrito
de Anibal ni de Escipión,
César, Alejandro y Pirro.
Nunca el Rey merced me ha hecho,
sordo ha estado a mis servicios.
Traidor y loco me llama
cuando mercedes le pido.
Entre aquestas desventuras
una dueña que maldigo
muchas veces me ha engañado
con amor pienso que ha sido.

Ella, en nombre de la Infanta
muchos papeles me ha escrito,
muchos favores me ha dado
aquí al sereno y al frío.
Al fin, los seis mil ducados
que darme Cabrera quiso
cogió el huésped y por deudas
casi andamos fugitivos.
Éste es, Lázaro, el estado
en que en la corte vivimos:
yo y el dichoso Almirante
bien contrario y bien distinto.
Al fin, estoy sin dineros
con solo aqueste vestido
viejo, pobre y desdichado.

Lázaro       ¿Monda nísperos el mío?
El primer sastre del mundo
me dijeron que lo hizo.
No perdiera por añejo
a ser queso o a ser vino.
Tal está, que andaré presto
en carnes como Cupido,
y diré que soy yo Eva
que vengo del paraíso.
También pudiera contar
mis desgracias y peligros.
Muchos son; pero yo callo.

Lope       ¿Por qué?

Lázaro       Porque no los digo.
Si tú imaginas, señor,
hacerte fraile benito,

yo de mala gana ayuno
y mis carnes disciplino.
Fray Lázaro no es buen nombre,
ni es bien regalo el cilicio;
basta que aquí y en la guerra
andamos tripivacíos.
Tu amigo es el Almirante;
así, señor, te suplico
que en su servicio me dejes
en pago de mi servicio.

Lope          Harélo de buena gana.

Lázaro        Tus pies beso, aunque no limpios,
y vivas más de dos ciervos
y cuatro cuervos marinos.
Pero si la vida es tal,
ningún bien yo te encamino,
que el hombre pobre y honrado
muere el tiempo que ha vivido.
Pero, pregunto yo agora,
¿por qué al parque venimos
esta noche de San Juan?
¿Hay otra de ochenta y cinco
que por niña se te venda?

Lope          Yo diré a lo que he venido.
Esta segunda Medea
un tierno papel me ha escrito.
Dice que venga esta noche
porque quiere darme aviso
de mis negocios, y quiere
que yo sea su marido.
Yo, que procuro venganza

de las burlas que me hizo,
pienso dejarla burlada
si algunas joyas le quito.

Lázaro                      ¿Y es bien hecho eso, Fray Lope?
                            Casi huele a latrocinio;
                            no lo mandará en su regla
                            nuestro padre San Benito.

Lope                        Moriré si no me vengo.
(Suena ruido dentro.) ¿Qué será aqueste ruido?

Lázaro                      Como es noche de San Juan
                            van con músicas al río.

Lope                        Esperemos, mientras pasan
                            en sus márgenes floridos.

Lázaro                      De buena gana lo hiciera
                            a ser márgenes de vino.
                                Aquí estaremos mejor.

(Pónense a un lado y salen al balcón Leonida y Dorotea.)

Dorotea                     No son cincuenta mis años,
                            que a celos y desengaños
                            me tiene vieja el amor.
                                Muchos maridos me dan,
                            y aunque todos buenos son,
                            quise hacer la devoción
                            de la noche de San Juan.
                                Éstos que habemos trazado
                            en mi niñez se decía,
                            y del nombre que se oía

venía a ser el desposado.

| | |
|---|---|
| Leonida | ¿Y es cierto? |

| | |
|---|---|
| Dorotea | Sin falta alguna. |
| | Oigamos; buen fin aguardo. |

| | |
|---|---|
| Leonida | ¡Oh, quién oyera a «Bernardo»! |

| | |
|---|---|
| Dorotea | ¡Quién oyera Lope o Luna! |

(Salen don Ramón, don Tiburcio y Lisardo, Músico, tañendo y cantando.)

| | |
|---|---|
| Ramón | Callen, oigan, atención. |
| | Haciendo, pienso que están |
| | la devoción de San Juan |
| | ésas. Démosles picón. |

| | |
|---|---|
| Tiburcio | ¿Cómo? |

| | |
|---|---|
| Ramón | Diciéndolas nombres |
| | extraordinarios y cosas |
| | que las dejen temorosas. |

| | |
|---|---|
| Leonida | Escucha, que suenan hombres. |

| | |
|---|---|
| Tiburcio | El Sofí y el Tamorlán. |

| | |
|---|---|
| Lisardo | El Gran Turco podrá ser. |
| | Nunca será su mujer. |

| | |
|---|---|
| Dorotea | ¡Mala pascua y mal San Juan |
| | te dé Dios! |

| | |
|---|---|
| Ramón | Esos deseos nunca se verán logrados. |
| Tiburcio | Para nadie están guardados, señora, tus ojos feos. |
| Leonida | Desengañadas estamos. |
| Lisardo | Eso no, será imposible. |

(Vase Lisardo.)

| | |
|---|---|
| Tiburcio | El Ebro corre apacible. |
| Ramón | A los barcos vamos. |
| Todos | ¡Vamos! |

(Vanse los hombres.)

| | |
|---|---|
| Leonida | No es devoción buena, a fe. |
| Dorotea | Ninguna, no, bien me dice, y treinta veces la hice después que viuda quedé. |

(Salen a otro balcón Violante y Leonora.)

| | |
|---|---|
| Leonora | ¿Por qué espera al Almirante vuestra alteza, si mañana se ha de casar? |
| Violante | Tengo gana de hablarle aquí como amante, |

que dicen que suele ser
conversación más gustosa
y para la de su esposa
mil siglos podrá tener.
Demás que quiero tratar
cosas que importantes siento
para nuestro casamiento.

Lázaro                En el balcón siento hablar.

(Salgan los que pudieren tañendo y cantando, y Lisardo.)

Músicos              «Las olas del Ebro
llenas de oro van
en la noche alegre
del señor San Juan.
Barcos enramados
de verde arrayán
rompen en el Ebro
líquido cristal.
Abundan las damas
que en la puente están
en la noche alegre
del señor San Juan.»

Leonora             Si ha venido el Almirante
ya le tendrán enfadado
éstos que aquí se han parado.

Violante            Ellos pasarán adelante.

(Salen don Bernardo y Roberto, de noche.)

Bernardo           La Infanta manda que en esta

parte a visitarla venga
para que viéndola tenga
vísperas la grande fiesta.
    De mañana, iah, dueño mío,
qué favores manifiestos
me dan! ¿Quién serán aquéstos?

Roberto

Músicos que van al río.

Músicos

    «Ebro corre aprisa
por llegar al mar,
porque el bien y el agua
no saben parar.
Que alegres cosas
trocadas están
en la noche alegre
del señor San Juan.»

Bernardo

Roberto, dos versos
de aqueste cantar,
«porque el bien y el agua
no saben parar»,
me han dado gran pena.

Roberto

¿En agüeros das
en la noche alegre
del señor San Juan?

Bernardo

Fingidas sirenas
que cantando estáis
mudanzas del tiempo,
Dios os haga mal.
Las obsequias vuestras,
cual cisnes, cantad

en la noche alegre
del señor San Juan.
Despúes volveremos;
vamos a rondar.

(Vanse don Bernardo y Roberto.)

Lázaro
A cantar porfían.
¡Cómo cantan mal!

Lope
Diles que se vayan.

Lázaro
Váyanse a cantar
en la noche alegre
del señor San Juan,
otro poco al río.

Lisardo
Calle el ganapán.
Porque algún cobarde
lo quiere estorbar.

Lope
¡Vive Dios, villanos,
que os haga callar!

Lázaro
En la noche alegre
del señor San Juan.

Lisardo
Miente quien llama villanos
a los que estamos aquí.

Lope
¡Oh, traidor! ¿Mentís a mí?
Muerte os darán estas manos.

Lisardo
¡Vive Dios, que es un león!

Irémonos retirando.

Lope          Noble soy, que voy buscando
              mi honrada satisfacción.

(Vanse huyendo los músicos.)

Leonora              ¿Quién es hombre tan gallardo
              que pueda atreverse a tantos?

Violante      ¿Quién puede reñir con tantos
              que no sea don Bernardo?
                Echarlos quiso de aquí
              como estorbaban.

Leonora                    Él es.
              Voces daré.

Violante                  No las des,
              que él sabrá volver por mí.

Leonora              Pasemos a otras ventanas
              para verle acuchillar.

Violante      Bastábame a enamorar
              con sus fuerzas más que humanas.

(Quítanse del balcón y sale Lisardo, herido.)

Lisardo              Mortalmente estoy herido.
              Quien mal hace, mal recibe,
              y mal muere quien mal vive.

(Cáese muerto. Salen don Bernardo y Roberto.)

| | |
|---|---|
| Bernardo | Ya las músicas se han ido. |
| | Una señal hacer quiero |
| | que la Infanta me ha ordenado. |
| | ¡Jesús! ¿En qué he tropezado? |
| | |
| Roberto | Ya tenemos otro agüero. |
| | |
| Bernardo | Un hombre muerto está aquí. |
| | |
| Roberto | Sin duda que aquel ruido |
| | fue pendencia o caso ha sido. |
| | |
| Bernardo | Claro está que no es por mí. |
| | Sácale en brazos, Roberto, |
| | del parque, porque después |
| | a enterrar le llevaréis. |
| | |
| Roberto | Es una torre este muerto. |
| | |
| Bernardo | Aquí te espero, arrimado |
| | a esta pared de la huerta. |

(Tómale Roberto en brazos y llévale.)

| | |
|---|---|
| Roberto | En el umbral de esta puerta |
| | le pienso dejar echado. |

(Suenan golpes dentro junto a él (Bernardo), como que cae alguna cosa.)

| | |
|---|---|
| Bernardo | ¡Válgame Dios! La pared |
| | a dó me arrimé se cae. |
| | Misterios secretos hay. |
| | En tal caso, detened, |

cielos, vuestras profecías.

(Vuelve Roberto.)

Roberto       Vuélvete esta noche a casa;
que a quien mañana se casa,
sobrarán noches y días.

Bernardo      ¡Ay, Roberto! Si se advierte,
la humana dicha es tan poco
que entre la taza y la boca
se suele esconder la muerte.
 La ocasión es desigual
y vuela si no se toma.
Por esperar perdió a Roma
el africano Aníbal.
 Jerjes se perdió, arrogante,
por esperar a otro día.
La angélica jerarquía
se condenó en un instante.
 No dio la nación romana
sustento a cuervo jamás
solo porque dice «cras»,
que quiere decir mañana.
 Torres que dejan el viento
con chapiteles extraños,
tardan en crecer cien años
y cáense en un momento.
 Este tiempo que ha de haber
hasta la mañana clara,
para subir no bastara
y basta para caer.
 En la Infanta, ¿qué esperanza,
ni en el tiempo, he de tener,

si del tiempo y la mujer
ha nacido la mudanza?

Roberto
 Nadie parece, señor
al balcón.

Bernardo
  ¡Desdicha mía!
¡Oh, si ya rompiese el día
la noche de mi temor!
 Vámonos.

Roberto
   Eso me alegra.

Bernardo
La suerte está echada ya.
Amor, mañana saldrá.
¡Quiera Dios no salga negra!

(Vanse. Salen Violante y Leonora al balcón.)

Leonora
 Hasta la puente han huido
y ya vuelve el vencedor.

Violante
Matado me ha a mí de amor.
¡Plega a Dios que no esté herido!

(Salen don Lope y Lázaro.)

Lázaro
  Honradamente reñí
con cuatro y, a ser de día
jigote de ellos hacía.

Lope
Luego, ¿hallástele allí?

Lázaro
  Bueno, a fe; ¿de quién huyeron?

| Lope | Solo la vaina perdí. |
| | Vete, Lázaro, de aquí |
| | por si alguno conocieron. |

| Lázaro | Yo me iré de buena gana; |
| | mas Lázaro te aconseja |
| | que estafes algo a la vieja |
| | si quieres comer mañana. |

(Vase Lázaro.)

| Lope | ¡Ah, de arriba! |

| Leonora | Ya ha llegado |
| | el que tu alteza desea. |

| Lope (Aparte.) | (En vela está Dorotea.) |

| Violante | ¿Quién es? |

| Lope | El que habéis llamado, |
| | por un papel, vuestro esposo. |

| Violante | Es él; desciéndele a abrir. |
| | Esperad. |

(Bajan y quítanse del balcón.)

| Lope | Podré decir, |
| | señora, que estoy gozoso. |
| | Aquí soñé [a] veces un tesoro, |
| | que amarlo pude yo, no merecello, |
| | jacinto y cristal cándido y bello, |

perlas, rubíes y madejas de oro.

    Los ojos de la Infanta a quien adoro,
los labios encendidos, el cabello,
dientes menudos, torneado el cuello,
que organiza una voz de ángel sonoro.

    La riqueza era mucha, yo su dueño,
y en medio de esta buena suerte
rompió el gallo la voz del león temido.

    ¡Oh, nunca despertara de este sueño!
Que es un engaño regalada muerte,
y el desengaño desdichada vida.

(Aparte.)               (Una puerta abren pequeña.)

(Sale Leonora a la puerta.)

| | |
|---|---|
| Leonora | Entrad, señor, sin cuidado. |

| | |
|---|---|
| Lope (Aparte.) | (Según soy de desgraciado, me ha de cazar esta dueña.) |

| | |
|---|---|
| Leonora | No temáis. |

| | |
|---|---|
| Lope (Aparte.) | (Si está mi vida para algún bien conservada, plegue a Dios que tal entrada tenga próspera salida.) |

(Vanse. Sale Violante.)

| | |
|---|---|
| Violante | Cuando de casarme trato, no es el hablar deshonor, y así quiero que al recato de mi estado hurte Amor a este alegre noche un rato. |

(Sale Leonora por otra parte.)

Leonora                    Ya está aquí arriba.

Violante                          Prometo,
                          que el corazón está inquieto.
                          Luces trae, y estaré aquí.
                          que, aunque esposo, tendrá así
                          más decoro y más respeto.

(Entra Leonora por velas y sale don Lope.)

Violante                    Dueño del alma, que ausente
                          de ti el amor lisonjero
                          hace que esté en vos presente,
                          daros un abrazo quiero.
                          ¿Venís herido?

Lope                            Detente;

(Abrázale Violante y sale Leonora con velas.)

                          que el respeto guardas mal
                          así al palacio real
                          como a tu misma persona
                          [....      -ona]
                          que no imaginaba tal.

Violante                    ¿Qué hombre es éste? ¿Éste es cautela?

Lope                    El que al balcón ha llamado.

Violante (Aparte.)      (Soy dormida centinela,

y el enemigo se ha entrado
al fuerte donde la vela.)
   ¿Quién eres, hombre? ¿Quién? Di.

Lope               Si preguntaras quién fui,
un desdichado dijera;
pero ya estoy de manera
que a veces no sé de mí.
   Dicen que hay hombres a quien
dormidos sucede andar,
hablar y reñir también,
y éstos suelen despertar
cuando algunas luces ven.
   Este letargo. ¡oh, ventura!,
me ha dado mi desventura,
pues trae un sueño incierto
aquesta noche, y despierto
a la luz de tu hermosura.

Violante         ¿A qué has venido?

Lope                    A morir.

Violante         ¿Quién te trajo?

Lope                 Mi desdicha.

Violante         ¿Qué oficio tienes?

Lope                    Sufrir.

Violante         ¿Qué vas buscando?

Lope                  La dicha.

| Violante | ¿De quién huyes? |
|---|---|

Lope                              Del vivir.

Violante                 Luego, ¿estás desesperado?

Lope          Del bien humano lo estoy.

Violante     ¿Loco estás?

Lope                              De enamorado.

Violante     ¿Eres noble?

Lope                              Noble soy,
tanto como desdichado.

Violante          ¿Eres desdichado?

Lope                              Sí,
desde el día en que nací,
pues con hallar tu hermosura,
que en otro fuera ventura,
ha sido desdicha en mí.

Violante          ¿Desdicha? Di de qué suerte.

Lope          Porque temo tus enojos
y temo también el verte,
que en tus manos y en tus ojos
está dos veces mi muerte.

Violante          ¿Luego estás enamorado?

| | |
|---|---|
| Lope | Tanto como desdichado, |
| | que no sé cuál es mayor |
| | o mi desdicha o mi amor. |
| | |
| Violante | ¿Cómo subiste? |
| | |
| Lope | Engañado. |
| | Cierto engaño, cierta duda |
| | me trae. Si está enojada, |
| | la piedad del pecho muda; |
| | mátame con esta espada. |
| | |
| Violante | ¿Cómo la tienes desnuda? |
| | |
| Lope | Mientras que se puede estar |
| | en la vaina, ampara y honra |
| | y solo para guardar |
| | vida, amigo, hacienda y honra |
| | la vaina se ha de quitar. |
| | Perdíla por no perder |
| | mi honor, que adelante pasa; |
| | que la espada y la mujer |
| | no deben salir de casa |
| | si honradas no han de volver. |
| | |
| Violante | Dime, Leonora, ¿qué haré? |
| | |
| Leonora | Que se vaya. |
| | |
| Violante | Lo abracé. |
| | Ha de morir; llama gente. |
| | |
| Leonora | Ten lástima, que es valiente |

                              como un César.

Violante                              Sí es, a fe.
                      ¿Quién esas señas te dio?

Lope                  A nadie la culpa des.
                      Cierta mujer me engañó
                      de tu palacio.

Violante                              ¿Quién es?

Lope                  No puedo decirlo yo.
                         Acusar es de hombre vil;
                      el callar es fortaleza,
                      y así, a la lengua sutil
                      la encerró naturaleza
                      con cadenas de marfil.
                         Lo que ella una vez hirió
                      tarde sana y siempre duele.
                      Por título se nos dio,
                      que ella siempre decir suele
                      si su dueño es noble o no.

Violante              ¿En efecto eres callado?

Lope                  Tanto como desdichado.

Violante              Para que cuentes gozoso
                      que una vez fuiste dichoso,
                      libre vas.

Lope                              Voy admirado.
                      Tu piedad al mundo asombre.

| | |
|---|---|
| Violante | ¿Cómo tu nombre no dices?<br>Di tu nombre. |
| Lope | Es bien que el hombre<br>con temores infelices<br>calle de noche su nombre.<br>  Tiéneme el Rey odio fuerte,<br>y moriré sin remedio.<br>Venid, desdichada suerte,<br>que solo un hombre está en medio<br>de mi vida y de mi muerte. |

(Vase don Lope.)

| | |
|---|---|
| Leonora | ¿Hay suceso semejante? |
| Violante | Encantado es este amante. |
| Leonora | ¿Quién tanta aventura vio? |
| Violante | A este hombre he visto yo<br>hablar con el Almirante.<br>  En mi papel ha leído,<br>que iba de favores lleno;<br>callar mi amor no ha sabido.<br>Quien para amante no es bueno,<br>no es bueno para marido.<br>  Muchas veces le decía<br>que me sirviese, que amor,<br>aunque honesto, le tenía. |
| (Aparte.) | (Y él, por servir a Leonor,<br>    fingió que no me entendía.<br>  De esto y ver que no ha venido<br>esta noche, he colegido |

que es soberbio e indiscreto
[......      -eto]
y que a Leonora ha querido.)
    Dijo una sabia mujer
que en el marido ha de haber
cuatro ces, si bien me acuerdo,
casero, callado y cuerdo,
y continente ha de ser.
    Y en el amante perfeto,
que a su dama no hace agravio,
cuatro eses, que es: secreto,
solo, solícito y sabio
tiene de ser en efeto.
    Y con razón he argüido
que si el ingrato Almirante
esta noche no ha tenido
las cuatro letras de amante
no tendrá las de marido.
    ¡Por vida del Rey mi hermano!
Que no ha de darme jamás
su falsa y soberbia mano.

Leonora          ¿Amas?

Violante              Sí.

Leonora              Tú jurarás
la vida del Rey en vano.

Violante          En la mujer es violento
amor, derríbalo el viento
y el enemigo peor
es la mujer que el amor
trocó en aborrecimiento.

No ama bien un ofendido;
agravio y no amor se nombre
el suyo, pues causa ha sido
de que yo abrazase a un hombre
que no ha de ser mi marido
  pero morirá si sé
quién es.

Leonora                    ¿Y si noble fue?

Violante              Trocaré quizá el rigor
por los brazos del favor
con que al Conde levanté.

(Aparte.)              (Ya mis favores no estima,
solo por Leonor me trueca,
ella es el ser que me anima
como hiedra fue, que sea
el árbol donde se arrima.
  Como se ve levantado
del Rey a tan alto estado,
de puro desvanecido
pequeños le han parecido
los favores que le he dado.)

(Vanse. Sale don Bernardo, vestido de gala.)

Bernardo              En hora muy dichosa
la noche huyendo va del alba hermosa.
Tú eres, claro día,
vida del hombre; que en la noche fría,
en sueño o en engaño
muerto está el hombre la mitad del año.
Tú, Sol, cuyos reflejos
se miran como en lúcidos espejos

en el cándido hielo
del mar y en el cristal del nuevo cielo,
que, a no eclipsarte, pienso
que el mundo te llamara dios inmenso,
en hora buena vengas.
Tú luz serena sin prestarla tengas;
no te hurten alguna
los planetas, imágenes y Luna;
mas no será luz rica
si a diez esferas no se comunica.
Éste es el claro día
que tanto ha deseado el alma mía.
Dadme plumas y galas,
que a ser de Fénix las doradas alas,
dejara su hermosura,
que fue raro mi amor y mi ventura.
No hay gusto semejante
al mío hoy si me dan a Violante.
Galán no seré cuerdo
si la modestia y la razón no pierdo.
[Yo] su deidad invoco;
vestidme galas, que me vuelvo loco.

(Salen don Lope y Lázaro.)

Lope            Vuestro casamiento sea
                muy en hora buena, Conde.
                El amor manda que os vea
                antes de partirme.

Bernardo                    ¿Adónde?

Lope            A un convento de mi aldea.
                No consiente el mar salado

**33**

un cuerpo muerto y helado;
luego le arroja de sí,
y la corte lo hace así
con el pobre y desdichado.
    Echarme de sí procura,
que sufrir no puede el peso
de mi mucha desventura,
y en mí cualquiera suceso
es delito o es locura.
    Si el Rey está deseando
culpa en mí que castigar,
dos me están amenazando,
que la menor es moral.
[Le] maté a un músico.

Bernardo                                    ¿Cuándo?

Lope                        Anoche.

Bernardo                         ¿Por qué le has muerto?

Lope            Desmintióme.

Bernardo                          ¿Saben cierto
que eres tú?

Lope                            Nadie lo sabe;
mas, ¿qué culpa, leve o grave,
del que es pobre se ha encubierto?
    ¡Qué diferencia que hacen
la fortuna mala o buena!
Unos tan dichosos nacen
que nunca tuvieron pena.
Otros hay que se deshacen;

tienen ventura, y después
caen otros, y al revés,
que suben tras la caída.
Y otros que toda su vida
llena de desgracias es.
    De aquesta clase primera
es y será siempre solo
don Bernardo de Cabrera,
y yo soy el otro polo
porque estoy en la postrera.
    Dijo un sabio que consigo
iban sus bienes. Yo digo,
según desdichado soy,
que adondequiera que voy
llevo mis males conmigo.

Bernardo          Si hizo naturaleza
común toda la riqueza
al principio, y la amistad
guarda siempre esta igualdad,
ni es desdicha ni es pobreza,
    don Lope, la que tenéis.
En mí os da vuestra fortuna
esta riqueza que veis.
Sol seré de vuestra Luna,
tomad la luz que queréis.

Lope          Tanto, señor, me habéis dado
que olvidarlo determino,
y hoy vengo necesitado
para hacer este camino
de algún dinero prestado.

Bernardo          Prestado decir sería

contra mi honor y mi fama,
si no fuera profecía
porque prestado se llama
lo que se vuelve otro día.

    Pudiera estar agraviado
de que me pidáis prestado
lo que es vuestro. Mal colijo
que en eso el cielo me dijo
la mudanza de mi estado.

    Ya vendrá ocasión alguna,
pero el Sol se ha de poner
para que salga la Luna,
y en haberos menester
será varia la Fortuna.

    De este bolsillo y cadena
os hago depositario,
y alguna vez será buena,
que viene en el mundo vario
tras de la gloria la pena;

    tempestad tras la bonanza,
tras el Sol la noche fría,
la muerte a la vida alcanza,
y quizá vendrá algún día
caída tras mi privanza.

Lope

    No os pedí, Almirante, dado,
porque pedir al honrado
de cualquier modo avergüenza
y el velo de la vergüenza
es el nombre de prestado.

    No colijáis de mis labios
que se han de trocar las suertes,
ni pronostiquéis agravios,
que el temor no es de hombre fuertes

ni el agüero de hombres sabios.
    Antes el estado mío
en que agora os pone Dios
es firme, y así os suplico
que os sirva Lázaro a vos.

Bernardo          La vez que le comunico
                    gozo de él en hora buena.

Lázaro              Nunca la ventura tarda
                  a quien el cielo la ordena.

(Besa Lázaro a don Bernardo la mano, y sale Roberto.)

Roberto          El capitán de la guarda
                  te busca.

Lope                      ¡Cierta es mi pena!
                    Ya la Fortuna me embiste
                  con su poder y turbado
                  el pensamiento resiste.

Bernardo          ¿Y es la culpa?

Lope                        Haberme hallado
                  la Infanta en su cuarto. ¡Ay, triste!
                    Que razón el Rey tendrá,
                  hoy las desdichas compiten
                  con este pobre, que ya
                  solo tiene que le quiten
                  la vida que Dios le da.
                    Enojóse; muera pues,
                  y así igual, mi poder es,
                  porque es Rey, que en paz y en guerra

no cabe en toda la tierra,
muerto cabe en siete pies.
    Así igualará mi suerte
la del Rey, porque en la muerte
no hay cosa que no me sobre;
uno son el rico y pobre,
rey, vasallo, flaco y fuerte.

(Sale el Capitán de la guarda.)

Capitán                 El Rey, mi señor, os llama
                        y está esperando.

Lope                                    Sin duda
                        que hoy mi sangre se derrama.

Bernardo                No será, si no se muda
                        la vida de ésta que os ama.
(Aparte.)                   Luego voy. (Alegre día,
                        ¿cómo me turbas así?
                        Dejar las galas querría;
                        puede el sentimiento en mí
                        más que mi propia alegría.)

(Vanse el Capitán, don Lope y don Bernardo.)

Lázaro                  Como culebra he dejado
                        el pellejo desgraciado;
                        hoy convalezco del mal
                        y salgo del hospital
                        de un amo tan desdichado.
                            Si los dones honras son
                        en el mundo fanfarrón,
                        «don Lázaro don» me llamo;

puedo tener con tal amo
atrás y adelante «don».

(Vase. Salen el Rey, la Infanta y el conde de Ribagorza.)

Rey

Para solemnidad del casamiento
del hombre que más quiero en este mundo.
que es don Bernardo de Cabrera, se haga
sin las fiestas del reino y cortesanos,
máscaras y saraos, cañas, torneos.
Que para mí será cosa de gusto
y es conocer al hombre más valiente
que España tiene y menos venturoso.
Es don Lope de Luna, cuyos hechos
supe tan tarde que se está sin premio.
En Zaragoza está y le han llamado
porque quiero pagarle, que es justicia
que los reyes a Dios nos parezcamos
en hacer las mercedes, levantando
la virtud de los hombres, que los reyes
se diferencien de los otros hombres
en ser [más] liberales. Alejandro
un día que merced no había hecho
dijo que no fue rey en aquel día.

Violante

En extremos, señor, verle deseo
y en cuanto al casamiento de Cabrera,
a tu real majestad suplico ahora
se deje o se dilate, porque importa.

Rey

¿Qué novedad es ésta?

Violante

No es pequeña,
prometo, la ocasión.

Rey
                    Mira, Violante,
que quiero tiernamente al Almirante.

Violante
No es bien que prefiriera al amor propio
al amor del vasallo. No repares
en la palabra que le tienes dada
ni en la publicidad del casamiento;
que de hombres sabios es mudar consejo
y no han de ser los reyes como ríos.

Rey
¿Qué atrás puedo volver el curso humano?
¡Por mi vida!, que diga vuestra alteza
la ocasión que le mueve, y si es enojo,
por hacerme merced, de él se divierta.

Violante
La humana voluntad es como cera;
varias formas se imprimen y se borran
en ella fácilmente. El gusto es vario
y más en la mujer; lo que hoy desea
aborrece mañana, y otro día
lo que dejó otra vez estima y quiere.
Ocasiones me ha dado el Almirante
de que a tu majestad pida y suplique
que cese el casamiento por agora.
Ni a tu casa está bien que el que ayer era
un escudero pobre, levantado
del favor de un rey, hoy sea su hermano.
Tu majestad sabrá si razón tengo.

Rey
Siempre he estimado tu gusto, [Violante].
Conde.

Ribagorza
¿Señor?

**40**

Rey                              Al Príncipe se avise
que entre de noche; cesen ya la fiestas;
las galas y libreas que se bordan
aprisa en el estado que estuvieren
cesen.

Ribagorza         i[Qué] novedad extraña es ésta!

Rey             Contra tu gusto yo no quiero fiesta.

(Salen don Lope y el Capitán.)

Capitán            Don Lope está aquí ya.

Lope (Aparte.)            (De temor lleno.)

Rey             En buen hora vengáis, don Lope amigo;
escudo de Aragón y Cataluña,
blasón de mi corona.

Lope (Aparte.)            (¿Qué milagros
son éstos, oh, Fortuna?)

Rey                    Vuestros brazos
quiero en los míos.

Lope (Aparte.)            (Siéntome turbado.
No puedo responder.)

Rey                 Besad la mano
a la Infanta mi hermana.

Lope (Aparte.)            (Apenas creo

estos sucesos que en mi vida veo.)

(Don Lope besa la mano a la Infanta.)

Violante            [.....            vos.]
                    Ya he visto el que el mundo alaba.
(Aparte.)           (Ver dos hombres deseaba,
                    y en uno he visto los dos:
                       el que no tiene segundo,
                    el que se atreve. ¡El que llama
                    al balcón, grande es su fama!
                    Con las alas cubre el mundo.)

Lope                   No sé si valor habrá
                    para pedir yo la mano.

Violante            Quien los brazos de mi hermano
                    se atreve, que sí tendrá.

(Don Lope de rodillas.)

Lope                   Si queda en tu pecho sabio
                    ira, el castigo detén;
                    que no ha perdonado bien
                    quien se acuerda del agravio.
                       Si mi culpa has referido,
                    mira que es buena señal
                    [.....      -al]
                    de que estoy arrepentido.
                       Subí a tu cuarto engañado,
                    y no sé cómo haya sido
                    que pecó en haber subido
                    quien está tan derribado.

| | |
|---|---|
| Violante | ¿A quién servís de mis damas? |
| Lope | A ninguna sirvo, aunque amo; que estoy tan pobre, que a un amo servir pudiera. |
| Violante | ¿A quién amas? |
| Lope | Solo a ti he tenido amor. Desde que te vi te adoro; que el Sol con sus rayos de oro alumbra al rey y al pastor. Y siendo Sol tu hermosura. iguales rayos ha dado al humilde y desdichado como al grande y con ventura. No hay riqueza que no sobre a Amor desnudo y sin galas, y a veces deja estas salas y se va a casa de un pobre. Si a todos puede igualar Naturaleza en morir y nacer, puedo decir que también en el amor. Amar pueden un sujeto, un villano, un pobre, un rey como no exceda la ley del amor y del respeto. |
| Violante | ¿Quién te engañó en causa mía? [Dime quién te enamoraba]. |
| Lope | Cierta dama me burlaba y en tu nombre me escribía. |

| | |
|---|---|
| Violante | ¿Luego eres tú el que unos celos me pidió? |
| Lope | Mi engaño ha sido pensar que estaba querido de los ojos de estos cielos. |
| Violante | ¿Desengañado amas? |
| Lope | Sí; que me pasa en este amor lo que a un paje que un doctor sanó de un gran frenesí. No le agradeció la cura porque alegaba que, sano, era un pobre cortesano siendo un rey en la locura. Yo en mis desengaños pierdo la luz que tus ojos dan. Loco he sido y su galán; ya es imposible ser cuerdo; porque es fuerza que te quiera por mi Infanta y mi señora, y porque tu rostro adora don Bernardo de Cabrera. |
| Violante | Yo sabré quién es la dama y castigaré su culpa. |
| Lope | Piensa que amor la disculpa. |
| Violante | Disculpada está si os ama, soldado fuerte y bizarro. |

(Aparte.)	(Aunque Infanta, soy mujer.
Yo lo mismo pienso hacer
que el artífice en el barro.
   Salió a disgusto un amante;
quebrarle pienso y formar
otro que me sepa amar
y servir de aquí adelante.
   Si el Rey a Cabrera tuvo
amor, con buena fortuna,
luz he de dar a esta Luna
que hasta aquí eclipsada estuvo.)
   Levántate.

Lope	           Por consuelo
podré, señora, tomar
que así mandes levantar
a quien está por el suelo.

Violante	   Quien tiene tus pensamientos,
no ha menester fuerzas mías.

Lope	Amorosas fantasías
torres fundan sobre vientos.

Rey	   ¿Qué tratáis?

Violante	            Cosas de guerra.
[......        -al.]
En efecto, ¿al general
mataste en su misma tierra?

Rey	   Es valiente caballero.

Violante	Y ya de justicia pasa

que le ocupes en tu casa.

Rey

Sírveme de camarero,
    y escoge un hábito.

Lope

                    Beso
pies de Rey que honrarnos sabe.

Rey

Hazle luego dar la llave.

Lope (Aparte.)

(Loco voy de tal suceso.)

Violante (Aparte.)

    (Hoy sale del pecho mío
            Cabrera, y amor me ofrece
Luna que crecer merece
para llenar el vacío.
    Favor o muerte, conviene
darle su bien o su mal
o ha de borrar la señal
de aquel abrazo que tiene.)

Rey

    ¿Piensa casarse tu alteza?

Violante

Señor, no.

Rey

        ¡Extraña mudanza!
Mas, ¿qué mujer no lo alcanza
por propia naturaleza?

(Sale don Bernardo.)

Bernardo (Aparte.)

    (¿Qué tenéis, alma cobarde?
¿Qué novedades son éstas?
¿Qué no se hacen las fiestas

ni entra el Príncipe esta tarde?
El palacio está suspenso,
el vulgo maravillado,
[y] yo confuso y turbado,
quimeras no alegres pienso.
El Rey me mira; sospecho
que está triste y con enojos,
que el Rey descubre en los ojos
el odio o el amor del pecho.
La cara del Rey es Luna
que nunca está en un estado,
y espejo en que ve el criado
su buena o mala fortuna.)

Rey (Aparte.)  (Ya el Almirante ha sabido
la mudanza de la Infanta,
porque su tristeza es tanta
que el alma me ha enternecido.
¿Qué le podré responder
para no darle pesar?)

Bernardo (Aparte.)  (Animo, quiero llegar,
que a nadie dañó el saber.)
¿Vuestra majestad está
bueno? ¿Qué tiene, señor?

Rey (Aparte.)  (Lágrimas vierto de amor.)
La Infanta te lo dirá.

(Vase el Rey.)

Bernardo (Aparte.)  (Largo pienso que ha de ser
mi pleito, pues se remite.)
Pueda yo si se permite,

de vuestra alteza saber
qué tristeza o suspensión
es ésta.

Violante                La que merece
quien a su rey no agradece
la merced y la afición.

(Vase la Infanta.)

Bernardo                En cobro puedo poner
la vida desde este día,
porque esta máquina mía
hace señal de caer.
     Ya el mundo hace su oficio.
Habló el Rey con aspereza.
Por una piedra se empieza
a asolar un edificio.
     Mundo vario, indiferente,
no sé en ti cuál es mejor:
tener grandeza y valor
o vivir humildemente.
     El que no tiene envidioso
vive en pobre y bajo estado,
y el hombre que es envidiado
tiene estado peligroso.
     En el bajo y pobre hoy
no hubiera desdicha tanta.
¡Ingrato yo, bella Infanta!
Mal me haga Dios si tal soy.
     Si subí, no es de admirar.
Bajé al centro que es el suelo
porque solamente al cielo
suben para no bajar.

¿Qué envidioso cruel redujo
al Rey a tanta mudanza?
Como el mar es la privanza
que tiene flujo y reflujo;
　　crece en uno, en otro mengua.
La envidia con ella lidia
y como es mujer la envidia
tiene por armas la lengua.
　　Tanta desdicha y pasión
como el carecer de amigos
es el tener enemigos
y no conocer quién son.
　　Hay envidias insufribles
como el alma es el privado,
que envidian su buen estado
enemigos invencibles.
　　Subí, declinando voy.
Cansóse quien me levanta.
¡Ingrato yo, bella Infanta!
¡Mal me haga Dios si tal soy!

(Salen Roberto y Lázaro.)

Roberto　　　　　　Albricias nos puedes dar,
　　　　　　　　　que es don Lope...

Bernardo　　　　　　　　¿No está preso?

Roberto　　　　　Camarero es del Rey.

Bernardo　　　　　　　　　Eso
me pudiera consolar.
　　No me caso, amigos, ya;
la torre que he levantado

se ha estremecido y temblado,
señal que firme no está.
 Día claro y tierra fui,
Sol el Rey y su luz una;
púsose en medio la Luna
y él se eclipsa para mí.
 Solo Dios, que es soberano,
tiene grandeza infinita,
cuanto da a ninguno quita;
mas cuando da el rey humano
 como no es igual a Dios,
a uno quita, a otro da.
La Luna ha salido ya
y no hay luz para los dos.
 De esta sombra, juego o nada
hoy me quiero levantar,
porque así pienso dejar
a la Fortuna picada.
 De Osuna, Módica y Vas
soy Conde, y el mar que brama
hoy su Almirante me llama;
ya no puedo subir más.
 Ganancia tengo y así
es bien burlarme con ella
de la Fortuna, antes que ella
se venga a burlar de mí.
 De servir pienso dejar
al Rey; pienso lo que pasa.
Volverme quiero a mi casa;
seguidme.

(Roberto dice de rodillas.)

Roberto                                    Te he de dejar.

Licencia pido.

Bernardo                          Ésa doy.

Lázaro                   Yo he de seguirte.

Bernardo                         Levanta.
(Aparte.)                (¡Ingrato yo, bella Infanta!
                        Mal me haga Dios si tal soy.)

(Vase don Bernardo.)

Roberto                   Si a don Lope a servir llego,
                         la misma será mi dicha.

Lázaro                   Como tiña es mi desdicha,
                         que yo a mis amos la pego.
                            Desde aquí me quito el don;
                         poco caballero fui,
                         que está de Dios que nací
                         para Lázaro Obregón.

(Vanse.)

                         Fin de la primera jornada

## Jornada segunda

(Salen don Lope y Roberto.)

Lope                Gracias a Dios que he escapado
con paz próspera y segura
del mar de mi desventura
en que ya me vi anegado.
No tiene Dios olvidado
al hombre flaco y mortal,
que es acuerdo celestial
mostrar a veces rigor
para que luzca el favor
en el extremo del mal.
    Vime sin favor humano.
Ya, gracias a Dios que adoro,
roja cruz y llave de oro
honran mi pecho y mi mano.
El piadoso cortesano
que lástima me tenía,
puede envidiarme este día
pues vi mi nave sin leme.
Animo cobre quien teme,
prospere quien desconfía.
    ¿Hállaste bien, di, Roberto,
en mi servicio?

Roberto              Señor,
en ti he visto el mismo amor
que en don Bernardo.

Lope                  Está cierto
que no te podré faltar;
que don Bernardo ha gustado

de que seas mi criado,
y ya le voy a buscar,
    que ha diez días que no ve
al Rey, y a llamarlo envía.

Roberto          ¿Por qué no se casaría
                 don Bernardo?

Lope                        No lo sé.
                    Parece que a la Fortuna
                 don Bernardo le pedía
                 las cosas que apetecía,
                 y ella le negó ninguna.
                    «¿Quieres que te quiera bien
                 el Rey?» «Sí.» «¿Y ser general?»
                 «Sí.» «¿Y de la cámara real?
                 ¿Ser Almirante?» «También.»
                    «¿Quieres ser Conde y Vizconde
                 y mayordomo primero?»
                 «También.» Así considero
                 que ella dice y él responde;
                    mas si agora preguntase,
                 «¿Estás con eso contento?»,
                 dirá, «No; que todo es viento.
                 No hay gloria que no se pase.
                    Solamente la virtud
                 da fruto que siempre dura,
                 y ésta se halla segura
                 en soledad y quietud.»

(Sale don Bernardo de monje benito.)

Roberto                 El Almirante ha venido.

| | |
|---|---|
| Bernardo | En hora buen vengáis. |
| | ¿Cómo venís? ¿Cómo estáis? |
| Lope | Salud sin vos no he tenido. |
| Bernardo | ¿Cómo os va? |
| Lope | Dichosamente. |
| | El Rey me quiere muy bien. |
| Bernardo | Don Lope, el humano bien |
| | es, como acto, indiferente. |
| | Mal puede ser y bueno; |
| | a muchos ha condenado |
| | y a otros muchos ha salvado. |
| | No lo apruebo ni condeno; |
| | mas Dios, autor sin segundo, |
| | como un discreto advirtió |
| | a los brutos prefirió |
| | al hombre en bienes del mundo. |
| | Si es galán, más lo es el prado; |
| | si fuerte, más el león; |
| | si hermoso, más el pavón; |
| | si larga edad ha gozado, |
| | más larga edad vive el cuervo; |
| | si voz suave, es mejor |
| | la del cisne y ruiseñor; |
| | si es veloz, más lo es el ciervo; |
| | si tiene la vista aguda, |
| | más el lince; si el olfato, |
| | el del perro, nunca ingrato, |
| | es mucho mayor sin duda; |
| | si tiene agudo el oído, |
| | el jabalí oye más; |

si vivo el gusto, verás
que la gimia le ha excedido;
  si es rico, más es la tierra,
que en sus ásperas entrañas
con providencias extrañas
el oro y la plata encierra,
  y el mar, que en esfera fría
la riqueza está del orbe,
la que las naves se sorbe
y la que en sus senos cría.
  Siendo así riqueza humana
en que el bruto nos prefiere,
necio es el que la quiere
si hoy viene y se va mañana.
  Yo, amigo, la renuncié;
no te aconsejo lo mismo
que no es fuerte silogismo,
mala es, pues la dejé.
  Solo te aconsejo en eso
que si ya el Rey te levanta,
no abarques riqueza tanta
que te derribe su peso.
  Elige medio de suerte
que ni te tenga el amigo
lástima ni el enemigo
envidia.

Lope        Hoy vengo a verte
  de parte del Rey, que tanto
verte sin gusto sintió
que hay alguno que le vio
bañar el rostro con llanto.
  Él me manda que te pida
que no te quedes, y vengo

a llevarte.

Bernardo                 Solo tengo
un alma, un Dios, una vida.
  Es el hombre peregrino
que busca su salvación,
y estas soledades son
el más derecho camino.
  Volver atrás no es honroso,
supuesto que voy con tino.

Lope               También la corte es camino.

Bernardo             Es ancho y es peligroso.
  Son celdas, son religión
sendas estrechas; por ellas
súbese a pisar estrellas
que alfombras del gusto son.
  Subí; mas podré decir
que bajé a ser religioso,
y he sido tan venturoso
que hasta el caer fue subir.
  Yo en la corte fui privado,
avisóme la malicia;
al Rey vi, y como es justicia,
temí y entréme en sagrado.
  Es mar, y aunque en paz la sienta,
vilo yo turbado un día
y en la calma no confía
el que ha visto la tormenta.

(Sale Lázaro, de fraile benito)

Lázaro            Nuestro padre Abad Gregorio

y los hermanos están
partiendo el hermoso pan
[sirviéndose del cimborio]
    y así fray Lázaro vino
a avisarle con cuidado,
porque si tarda, habrán dado
cuenta del hermano vino.
    Pártase su reverencia,
que aqueste mi cuerpo, funda
del alma, a mesa segunda
con caldo hará penitencia.

Lope                        ¿Lázaro?

Lázaro                            ¿Cuál? ¿El leproso?
¿Quién me llama?

Lope                              ¿No conoces?

Lázaro                    Tienes más graves las voces
después que estás venturoso.

Lope                    Roberto es criado mío.
Hablad despacio los dos.

Lázaro                    No pudiera, ¡voto a Dios!,
tener más dicha un judío.
    ¡Qué hiciese un cambalache
trocando amos, y que sea
su provecho, y yo me vea
un Lázaro de azabache!
    Tras de sucesos tan buenos
te dé Dios una coroza.

(Dentro.)

| Voces | ¡Pare, pare la carroza! |
|---|---|
| Bernardo | ¿Quién es? |
| Lázaro | El Rey cuando menos. |

    Si vinieran por ti, diles
que ir a palacio queremos,
que estando así parecemos
dos viudas con monjiles.

(Salen el Rey, el conde de Ribagorza y el Secretario.)

Rey                Almirante, ¿qué es esto? ¿El amor vuestro
tan presto se acabe y habéis dejado?
¿Vos fraile? ¿Yo sin vos? ¿Sin vos mis reinos?

Bernardo         ¿Por qué, grande señor, ha merecido
esta indigna hechura de tus manos
que tu cesárea majestad le busque?

Rey              Si por amigo no, por religioso
no es bien que estéis así. Bien está, Conde,
levantad. ¿Cómo estáis?

Bernardo                 Al real servicio
de vuestra majestad, muy bueno.

Rey                        ¿Cómo,
ya que en la religión habéis entrado,
no avisáis a don Sancho de Cabrera
que me traiga su nieto y vuestro hijo?

| | |
|---|---|
| Bernardo | Señor, cuando yo vine a tu servicio, |
| | de doña Elvira estaba yo viudo |
| | y el niño era pequeño, y con mi padre |
| | quedó, que, en Barcelona retirado, |
| | se quiere ejercitar. Le he suplicado |
| | venga a participar de las mercedes |
| | que tú me has hecho. |
| Rey | Yo holgaré que venga. |
| | ¿Es verdad que pensáis vos profesar? |
| Bernardo | Dando tu majestad licencia, pienso |
| | perseverar aquí. |
| Rey | Darla no puedo. |
| | Vengo por vos, y así será imposible |
| | volver solo a palacio. A Dios se sirve |
| | en gobernar en paz una república |
| | y en defender en guerra una corona. |
| | También tiene su mérito un soldado; |
| | el ministro y señor también se salva. |
| | No puede un rey estar sin un privado, |
| | que Dios también lo tuvo en otros tiempos. |
| | Dígalo Möisés, Job, Juan y Pedro, |
| | y los reyes humanos le han tenido: |
| | Trajano, Eneas, Jerjes y Darío, |
| | Ambrosio, Efestión, Licinio, Acates. |
| | En vos puse mi amor y mi privanza. |
| | Don Bernardo, no es bien haya mudanza. |
| Bernardo | Señor, al mar profundo |
| | entregué la riqueza de mis años; |
| | que es mar el ancho mundo. |
| | De sus olas villanas y de engaños |

no quieras, señor mío,
que aventure otra vez este navío.

   Deja que a la ribera
mire seguro el piélago salado,
que así se considera
el descanso presente, el mal pasado;
pues llaman temerario
al que dos veces tienta el mal voltario.

   Aquí puedo servirte;
guerra es también la iglesia militante,
y ella podrá decirte
que no menos al pueblo fue importante
Moisés cuando miraba
que el capitán de Dios así peleaba.

   Si él, que el mundo ha dejado
sobre el ciprés del Líbano y el cedro
de Dios es levantado,
en lo que dejo no me igualo a Pedro,
pues él dejó sus redes,
yo tu favor, tu estado y tus mercedes.

   En la corte y palacio
son ligeras las olas de la vida.
Aquí se vive a espacio;
ociosa no está el alma divertida,
ni en confuso recelo
el hombre de su vida está con duelo.

   Aquí, vivo y despierto,
dándole gracias a mi eterno dueño;
durmiendo allá estoy muerto.
Tiempo queda en que yo, en prolijo sueño,
duerma en la sepultura
mientras la vida de los hombres dura.

   Allá, señor, confieso
que he sido de tu máquina el Alcides;

mas ya a su grave peso
gimen mis hombros. Si volver me pides,
recelo que otro día
podrás quitarlo con afrenta mía.
   Gocé sin envidiosos
mi privanza real en paz segura.
Vasallos no hay quejosos;
no siempre ha de durar esta ventura,
que si envidiosos nacen,
mueren las honras que los reyes hacen.

Rey                 Bernardo, la obediencia
se debe preferir al sacrificio;
deja la penitencia
por volver otra vez a mi servicio;
deja esta regla santa
por mi vida y por vida de la Infanta.

Bernardo         Con ese juramento
no puedo replicar; iré contigo.

Rey                 Entremos al convento,
daránte de vestir. Eres mi amigo,
mi corona mereces.

Bernardo        Hechura tuya me dirán dos veces.

(Vanse y queda Lázaro solo.)

Lázaro           Gracias a Jesucristo
que salimos a ver a Zaragoza,
y que libre me he visto
de un demonio sutil que me retoza,
y el tentador maligno

me pellizca con sed y esconde el vino.
    Aquí a la puerta dejo
la mortaja del luto que he traído;
dejar quiero el pellejo
con que una tumba viva he parecido.
Si entro, soy desdichado,
y temo que me dejen embargado.
    Adiós, negras galletas,
con que cuero de rey yo parecía;
adiós, mis ampolletas,
fray Lázaro se va, el que os escurría;
adiós, bodegas graves,
que no os dejara yo a tener las llaves.

(Vase Lázaro. Sale Leonora.)

Leonora                 Un alma enamorada
                    jamás tuvo sosiego;
                    helada está en el fuego
                    y en celos abrasada.
                        Ni ha visto reservada
                    la flecha del dios ciego
                    mi vida, ni a ver llego
                    mi fe justa premiada.
                        Amaba a don Bernardo,
                    pedílo por esposo,
                    el Rey dio su palabra,
                        quebróla, y no acobardo
                    mi fe, que Amor celoso,
                    torres al viento labra.

(Sale el conde de Trastámara.)

Trastámara              Después que vine a Aragón

melancólica te veo,
hermana, y saber deseo
de tu boca la ocasión.
¿Hállaste mal en palacio?
¿No te quiere bien Su Alteza?
¿O procede la tristeza
de que te da más a espacio
estado?

Leonora (Aparte.)          (Causa hay aquí
para apoyar bien la mía.)
Escuche vueseñoría,

(Aparte.)          Conde. (Mentir pienso.)

Trastámara                    Di.

Leonora          Cuando vino a Zaragoza
el Catalán don Bernardo
a servir de gentilhombre
al Rey don Pedro a palacio,
como es uso de las cortes
que en las fiestas y saraos
sirvan a las damas nobles
caballeros cortesanos,
sirvióme a mí el Almirante,
mostrándose apasionado,
y poniendo mis colores
en sus galas y penachos.
Cuando salía la Infanta,
apenas en el ocaso
el Sol a doradas nubes
echaba rayos dorados,
cuando sus pajes cercaban
solo mi coche, alumbrando

con tantas hachas, que el Sol
no echaba menos sus rayos.
En las fiestas y torneos
llevaba siempre pintado
un león, y a mi ventana
rindió los premios ganados.
En las letras y los motes
con Leonida disfrazado
mi nombre, y en los caminos
en hábito de villano,
le encontraba junto al coche
muchas veces, que es bizarro
en la paz como en la guerra.
Necia estoy, mucho le alabo.
Al fin, el Rey, que sabía
que me estaba festejando
me dijo: «Él será tu esposo.
Avisa al Conde, tu hermano».
Vino luego el Almirante,
habló al Rey, y de ahí a un rato,
más mudable que a los vientos
las tiernas hojas del árbol,
dijo que se casaría
con otra, y he sospechado
que le he parecido indigna
del que quiero y amo tanto.

Trastámara        No, sino el mismo Almirante,
soberbio, te ha despreciado,
desvanecido de verse
entre favores tan altos.
La casa de Trastámara
reyes a Aragón ha dado,
no ha menester que la ilustren

favorecidos hidalgos.
Sin duda pidió a la Infanta,
y el Rey, aunque es su privado,
la negó, y por no casarse
contigo, se ha retirado.
Esto es hecho; hoy verá el mundo
o satisfecho tu agravio,
o entrambos del Rey quejosos,
y aun quejosos más de cuatro.

(Vase el conde de Trastámara.)

Leonora          Pues hoy a palacio vuelve
el famoso don Bernardo,
mi esposo ha de ser si Amor
da fuerzas a mis engaños.
Faltó el Rey a su palabra,
no imitando al castellano,
que a pesar de los sarmientos
hace bueno su aguinaldo.
Si el otro, siendo cruel,
siente sus palabras tanto,
el de Aragón ha de ver
que era razón imitarlo.

(Sale la Infanta.)

Violante          Pues Leonora, ¿en qué se entiende?

Leonora          En sentir.

Violante          ¿Celos o amor?

Leonora          Siento que el Rey, mi señor,

darte mi esposo pretende,
si sabe Su Alteza bien
que me sirvió el Almirante.

Violante          No pases más adelante,
yo te le ofrezco también.
  Ya, Leonor, la inclinación
que al Almirante he tenido
en pasión se ha convertido.

Leonora         Tienes en eso razón,
  porque nunca se ha inclinado
a tu alteza, ni entendía
lo que tu amor le decía,
como estaba enamorado.
  Y aunque estimar no era justo
tu casamiento real,
él ha llevado tan mal
el no casarse con gusto,
  que la noche de San Juan
me dijo que pretendía
retirarse, y otro día
lo cumplió.

Violante              Creciendo van
  mis agravios. Di, Leonor,
¿esa noche habló contigo?

Leonora         Hasta el alba.

Violante              Agora digo
que fue justo mi rigor.
  Sé satisfecha y segura
que, aunque hoy sale del convento,

es en mí aborrecimiento
lo que fue amor y locura.
   Nunca le verás casado
conmigo, y podrá ser
que ya le viesen caer
los que le ven levantado.

(Vase la Infanta.)

Leonora
   No se ha fabricado en vano
mi engaño. Si está Violante
quejosa del Almirante
y del Rey lo está mi hermano,
   conseguirse puede así
el efecto que yo espero.
Irme de esta sala quiero
que el Príncipe sale aquí.

(Vase Leonora. Salen el Príncipe, el conde de Trastámara y el Secretario.)

Príncipe
   No me hallo tan bien como en Valencia
aquí en Zaragoza.

Trastámara
     A vuestra alteza
agrádale la mar de tal manera
que no es mucho que aquí sienta su ausencia.

Príncipe
Los músicos me traigan de la cámara
que me entretengan. Llamen a Leonido
que me agrada su leer.

Secretario
     Está ya muerto.

Príncipe
¿Cuándo murió?

| | |
|---|---|
| Secretario | Matáronle la noche<br>de San Juan. |
| Príncipe | ¿Castigóse el homicida? |
| Secretario | Era tan grave, que al hacer la causa<br>a las justicias pareció acertado<br>poner silencio. |
| Príncipe | ¿Y fue? |
| Secretario | No me lo mandes. |
| Príncipe | Dílo, acaba. |
| Secretario | Señor, al Almirante. |
| Príncipe | ¿Qué indicios hubo? |
| Secretario | Que él y sus criados<br>rondaron por el parque aquella noche,<br>y les vieron llevar después en brazos<br>al muerto hasta la iglesia de la Virgen<br>del Pilar. |
| Príncipe | ¿Y mi padre ha consentido<br>en el delito? |
| Secretario | No lo sabe. |
| Príncipe | ¿Es justo<br>que no castigue el Rey los poderosos?<br>Para todos es bien que haya justicia |

**69**

|  | aunque iguales no sean los castigos. |
|---|---|
| Trastámara | Como es el Almirante tan privado<br>de su real majestad, no se atrevieron<br>a decírselo, y más siendo Cabrera<br>de la privanza que... mas no me espanto.<br>Yo sé que despreció la ilustre sangre<br>de Trastámara. Cosas son del mundo. |
| Príncipe | Por ayo me lo quiere dar mi padre;<br>grande soy ya, pues él mi edad tenía<br>cuando nací, que casi parecemos<br>hermanos. Siendo así, no importan ayos;<br>no lo será Cabrera, si yo puedo... |
| Secretario | Ya del Rey, mi señor, llega la guarda,<br>y aun está arriba ya. |
| (Sale el Rey.) | |
| Rey | ¡Oh, Juan! ¡Oh, Conde!<br>El parabién me dad de que he traído<br>a palacio otra vez al Almirante. |
| Príncipe | Si es de tu gusto la venida, doyle. |
| Rey | Parece que estáis triste. |
| Príncipe | Me lastima<br>la muerte de Leonido; bien le quise,<br>y amor es tierno. |
| Rey | Nunca se ha sabido<br>quién lo mató. |

| | |
|---|---|
| Príncipe | Mas dime, ¿quién ignora<br>el matador? |
| Rey | ¿Quién dicen? |
| Príncipe | Don Bernardo. |
| Rey | No des crédito, Príncipe, a las lenguas<br>que quizá con envidia lo murmuran.<br>El Almirante no le mataría;<br>pero si él le mató, razón tendría. |
| (Aparte.) | (No me murmure nadie a don Bernardo<br>porque es amigo mío y mi hechura.<br>Ya quiero divertirlos de esta plática.)<br>¿Conde de Trastámara? |
| Trastámara | ¿Señor? |
| Rey | ¿Visteis<br>a don Pedro, mi primo, el de Castilla? |
| Trastámara | Vile. |
| Rey | ¿En Toledo? |
| Trastámara | No, sino en Sevilla. |
| Rey | Tres Pedros somos reyes en un tiempo. |
| Trastámara | Los de Castilla y Portugal alcanzan<br>nombre de justiciero. |
| Rey | ¿Y yo? |

| | |
|---|---|
| Trastámara | De manso. |
| Rey | No es defecto del rey ser amoroso; |
| | peor es ser cruel y riguroso. |

(Sale don Ramón.)

| | |
|---|---|
| Ramón | Un villano encontré con unas cartas, |
| | y sospecho, señor, que es un criado |
| | del Infante tu hermano, porque en Jaca |
| | me parece le vi cuando en Navarra |
| | se retiró tu hermano, o tu enemigo, |
| | que así llamo, señor, al que desama |
| | tu vida; y si es así, que no es villano, |
| | algún peligro temo, y no es en vano. |
| Rey | ¿Por qué no le seguiste? |
| Ramón | Está en palacio. |
| Rey | ¿Adónde? |
| Ramón | Está en el cuarto de Cabrera. |
| Príncipe | Repara, gran señor, inconvenientes; |
| | vela en tus reinos, de ninguno fíes, |
| | y mira en el rigor y la justicia |
| | a los reyes que imitas en el nombre |
| | y con rigor castiga los delitos |
| | porque de uno proceden infinitos. |
| | La Infanta, mi señora, tiene quejas |
| | del Almirante; la ocasión pregunta; |
| | inquiérase esta muerte de Leonido, |

y sépase el villano que ha venido.

Rey (Aparte.)    (Mi don Bernardo, plega a Dios que vea
el mundo tu lealtad, porque no culpe
el amor de tu Rey.) Príncipe, basta;
que si aquesto es amor o es dar consejo,
no sois émulo vos ni sois tan viejo.

(Vanse y salen don Bernardo y Ricardo en hábito de villanos.)

Ricardo         Ya que puedo hablarte a solas,
sin que me conozca alguno
—¡Oh, católico Neptuno
de las playas españolas!—
secretario del Infante
don Carlos, el perseguido
del Rey soy, que he venido
con recato semejante
a darte en tu propia mano
esta carta.

Bernardo              ¿Qué pretende?

Ricardo         Amigos, ya que le ofende
con tanto rigor su hermano.

Bernardo        No ofende el Rey, mi señor,
a Carlos; mas le destierra
porque le inquieta su tierra,
y el castigar no es rigor.
Si manda la humana ley
que al Rey el vasallo tema,
romper no puedo esta nema,
porque temo mucho al Rey.

Ver no quiero sus intentos;
condénolos por ingratos,
que las letras son recatos
de los mismos pensamientos;
    y dirán, si yo las leo,
que calma me manifiesta;
vete, y dale por respuesta
que ni la tomo ni leo,
    y será acción bizarra,
digna de tan grave varón,
el pedir a un rey perdón
y venirse de Navarra.

Ricardo          Tómala y seguro vive
que el consentir suele hacer
el pecado, que no el ver.
Mira, señor, lo que escribe.
    Puede ser que escriba aquí
que trates de paz.

Bernardo                    Entiendo
que en esto mi Rey no ofendo
y que pueda ser así.
(Toma la carta y léala.)   «Hanme dicho, don Bernardo,
que estás del Rey descontento
y deshecho el casamiento,
y saber la causa aguardo;
    porque si estás en desgracia
del Rey, y seguirme quieres,
tendrás cuanto me pidieres:
mi vida, mi honra y mi gracia.
    Declárame tu intención.
Adiós. De junio y Pamplona.»
En ti hay, Carlos, y perdona,

una mala inclinación.
¿Que así tu pluma me ofende?
¿Tan poca lealtad me hallas?
Siempre busca las murallas
más flacas el que pretende
asaltar una ciudad.
¡Vive Dios! Que estoy corrido
de que se haya presumido
que hay flaqueza en mi humildad.
Que por mí empezase así
a conjurar los vasallos
del Rey don Pedro, estimallos
puede el mundo más que a mí.
La muralla soy más flaca
de su defensa, pues hoy
batido de Carlos soy;
pero, ¿qué provecho saca?
Haré la carta pedazos
y el mensajero también.

Ricardo         Gran Almirante, detén
el ímpetu de tus brazos.
¿Qué culpa tengo?

Bernardo                Bien dices.

Ricardo         Respóndele aconsejando
que procure un medio blando;
así, señor, te eternices.
Responde muy enojado;
escribe una carta sola.

Bernardo       No pensaba hacerlo. ¡Hola!

(Sale Feliciano.)

Feliciano          ¿Señor?

Bernardo                    Tráeme ya recado
de escribir.

Feliciano          Aquí está.

Ricardo                              Escribe.

Bernardo          Dejaréle satisfecho,
que un zafiro está mi pecho
y en él fe y lealtad vive.

(Va escribiendo Feliciano.)

                              «De que me escribas así...»
(Aparte.)            (Hago mal en responder;
el alma empieza a temer.
¿Me vendrá mal de esto?)

Feliciano                              «...sí.»

Bernardo                    «...tan corrido, Infante, estoy...»
(Aparte.)            (¿Qué respondo? Mas, ¿por qué
se ha de enojar de mi fe?
¿Cuándo sabrá esto el Rey?)

Feliciano                              «...hoy.»

Bernardo                    «Responderte no es traición;
antes es justo, y a ti...»
(Aparte.)            (¿A quién culparán?)

| | |
|---|---|
| Feliciano | «... a ti.» |

| | |
|---|---|
| Bernardo (Aparte.) | (¡Qué triste fin de razón!) |
| | «¿Soy algún bruto animal...» |
| (Aparte.) | (¿Corazón, dudas? Detén, |
| | por aconsejarte bien, |
| | ¿qué me puede venir?) |

| | |
|---|---|
| Feliciano | «...mal.» |

| | |
|---|---|
| Bernardo | «...que no he de estimar la vida?» |
| (Aparte.) | (Temor de mí no se aparta; |
| | mas responder a una carta, |
| | ¿qué me ha de costar?) |

| | |
|---|---|
| Feliciano | «...la vida.» |

| | |
|---|---|
| Bernardo | «Si sabes que bien reinó...» |
| | (Sudor helado me corre, |
| | mejor será que se borre. |
| | ¿Si saldré bien de esto?) |

| | |
|---|---|
| Feliciano | «...no.» |

| | |
|---|---|
| Bernardo | «...el Rey, bien es que repares |
| (Sale el | en tenerle amor y fe.» |
| Rey a la puerta.) | «Y así yo te serviré |
| | en todo cuanto mandares. |
| | Hazlo, Infante, de esta suerte |
| | y a fe que te valga mucho.» |

| | |
|---|---|
| Rey (Aparte.) | (¡Válgame el cielo! ¿Qué es esto? |
| | Aquí se trata mi muerte. |

Que al Infante servirá
en lo que mandare, escribe.
Quien bien hace mal recibe
en aqueste mundo ya.
    ¡Ah, Cabrera! Estos enojos
no los supe merecer.
No lo pudiera creer
si no lo vieran mis ojos.
    Por mitigar el castigo
quiero imitar al juez
que disimula la vez
que delinquir ve a su amigo.
    Callar quiero y castigarle
encubriendo la ocasión,
porque le tuve afición
y no quiero deshonrarle.)

(Vase el Rey, y mientras ha dicho esto cierre el papel Feliciano y dásele en la mano a don Bernardo.)

Bernardo            Toma la respuesta, y di
a Carlos que si amistad
hace con su majestad,
un esclavo tendrá en mí,
    y su enemigo seré
si lo es del Rey que, en efeto,
tendré a su sangre respeto
y odio a su sangre tendré.
    Y que cuando yo estuviera
en desgracia de mi Rey
fuera justísima ley
que a quien hizo deshiciera.
    Y no le ofendiera yo
si en su gracia me quitara

porque no me costó cara,
que de balde me la dio.

Ricardo            Tu respuesta comedida
daré, y plega a Dios que vea
en paz los hermanos.

Bernardo                        Sea,
aunque me cueste la vida.
            ¡Hola!

Feliciano                ¿Señor?

Bernardo                        Traeme agora
capa y gorra, Feliciano,
que quiero besar la mano
a la Infanta, mi señora.

(Vanse. Salen el conde de Trastámara y el conde de Ribagorza.)

Ribagorza            Juntar nos manda el Rey en estas salas.
¿Qué misterio tendrá?

Trastámara                        Ver la ruina
de un varón a quien dio felices alas.

(Salen don Ramón y el Secretario.)

Secretario            Al Aries llegó el Sol, y ya declina;
pasó el flujo del mar, y ya ha menguado.

Ramón            ¿Sábese cierto?

Secretario                        No; mas se imagina.

(Salen el Rey y don Lope y los que pudieren.)

Rey
Los dos que más me sirven he llamado
porque miren con miedo y con recato
una justa mudanza, un rey trocado.
Con el pincel de amor hice un retrato
perfecto y a mi imagen parecido;
borrarle quiero porque es ingrato.
Y porque tanto amor ha merecido
objeto digno, quiero en vuestra Luna,
don Lope, restaurar el que he perdido.
Mayordomo mayor seréis.

Lope (Aparte.)
(¡Fortuna,
no des a don Bernardo este suceso!
Dos almas no hay en ambos, solo hay una.)

Rey
Y Almirante de la mar seréis.

Lope
Beso
tus pies, ¡oh, gran señor!, pero refrena
la cólera que muestras y el exceso.
Menos rigor a don Bernardo ordena.
Advierte las victorias que te ha dado
de cuya gloria está la fama llena.
Tu hechura fue, señor, fue tu privado.
Condenas tu elección, pues le escogiste,
y desdíceste, al fin, de haberlo honrado.
No digan que deshaces lo que hiciste,
sean eternas las obras de tu mano,
que la grandeza en tu valor consiste.

Rey
Así muestro ser Rey y ser cristiano,

|  | así enseño a premiar y dar castigo;<br>no me repliques más, que será en vano.<br>Obedezca mi ley quien es mi amigo. |
|---|---|
| Lope | Perdóname tan grave atrevimiento,<br>que la ley de amistad a esto me obliga. |
| Rey | Despacha los negocios, que en ti siento<br>que el cielo procedió sin mano escasa,<br>fortaleza te dio y mucho talento. |
| Ramón | Admírome de ver esto que pasa. |
| Rey | Véle, don Lope, a ver y de mi parte<br>dile que mando que se esté en su casa. |
| Lope | El corazón de lástima se parte. |
| Rey | Que no le quiero ver en mi presencia<br>dirás también. |
| Lope | No quiero replicarte<br>en pedir que revoques la sentencia,<br>solo a tu majestad pido y suplico<br>que des a otro criado esa licencia.<br>Agravio a su amistad si notifico<br>tal sentencia. Señor, mira primero<br>si estás bien informado. |
| Rey | Certifico<br>que enojo me darás. |
| Lope | Darle no quiero.<br>Lo que mandas haré. |

Rey
　　　　　　　Desde hoy procuro
que me llamen también el justiciero.
　　Ninguno en mi favor viva seguro
si en su mucha virtud no está estribando
que un monte se estremece y aun un muro.
　　El que sirviere bien iré premiando;
aquél que me ofendiere no confíe
en el dulce favor del pecho blando.
　　Uno llora en el mundo, otro se ríe;
uno muere a tiempo que otro nace
para que humilde el que nació se críe.
　　Lo mismo que hace Dios el que es rey hace:
unos hombres levanta, otros derriba,
para pena mayor del que deshace.
　　Y es justo que contemple aquél que priva
el castigo que dan al derribado,
porque con ojos vigilantes viva.

(Vase el Rey.)

Ribagorza　　　　¡Confuso voy!

Trastámara　　　　　　　Yo triste.

Secretario　　　　　　　　　Yo admirado.

(Vanse y quedan don Lope, don Ramón y don Tiburcio.)

Ramón　　　　　　¡Viva vueseñoría en su privanza!

Tiburcio　　　　　Alárguese la vida largos años
que le está concedida, pues importa
al reino tanto.

Lope

        Parabién alegre
no me deis, ni lisonjeros favores.
Consolad la tristeza, mis señores.

(Sale don Bernardo.)

Ramón

Acompañando iré a vueseñoría.

Tiburcio

Lo mismo he de hacer yo.

Lope

          Señores, basta.
Solo me tengo de ir.

Tiburcio

        Es nuestro oficio
ocuparnos así en vuestro servicio.

(Vanse los dos.)

Bernardo (Aparte.)

   (Bien quiere el Rey a don Lope,
pues que así le lisonjean
los dos que conmigo usaban
estas ceremonias mesmas.
Huélgome, a fe, de su bien.)
Mi don Lope.

Lope

        ¡Quién no oyera
estas palabras; que el pecho
me rasgan con sus ternezas!

Bernardo

¿Qué tenéis? ¿Tan triste vos
cuando mis ojos se alegran
de veros? ¿Los vuestros lloran
cuando es razón que me vean?

| Lope | El Rey... |
|------|-----------|

Bernardo
    No me digáis más,
que en venir con tal tristeza
y nombrarme al Rey, don Lope,
ningún buen suceso muestra.
Mandará el Rey, mi señor,
que me corten la cabeza,
por desgraciado y sin dicha
no por delitos que tenga.
Don Lope, ¿podréle ver?

Lope
Agora solo os ordena
que os estéis en vuestra casa
y ni le veáis ni él os vea.

Bernardo
Mande; que de mí no huya
si quiere que casa tenga;
que de un hombre desdichado
se apartan las mismas fieras.
Fortuna, ¿puede ser, es cosa cierta,
que el Rey de su privanza me destierra?
Acompañarme solían
ésos que te lisonjean,
sombras de nuestra fortuna
que huyen en las tinieblas,
golondrinas que en verano
cantan, habitan y vuelan
en nuestras casas y luego
en el invierno se alejan.
Empiezas a florecer
y andan tras ti las abejas,
y a mí, como estoy marchito,

ni me buscan ni me cercan.

(Sale Lázaro lleno de memoriales, pretina y sombrero y recibiendo memoriales por parte de un Contador.)

| | |
|---|---|
| Lázaro | No hay persona más privada |
| | del Almirante Cabrera |
| | en esta casa que yo. |
| | Esos memoriales vengan. |
| (Aparte.) | (¡Qué bien sabe éste mandar! |
| | Si aquel bellaco me viera |
| | de Robertillo, ¡qué envidia |
| | de don Lázaro tuviera!) |
| | |
| Contador I | Vuestro esclavo quedaré |
| | si hacéis que éste se provea |
| | y vuestra hechura... |
| | |
| Lázaro | ¿Esto es |
| | ser dichoso? ¡Enhorabuena! |
| | Privado soy de un privado. |
| | Yo haré que éstos se vean |
| | y se despachen; hacedme |
| | una grande reverencia. |
| (Hácensela.) | Bueno, adiós. |
| | |
| Contador I | Él te prospere. |

(Vase el Contador.)

| | |
|---|---|
| Lázaro | Parece que me empapelan |
| | para asarme. ¡Ah, Robertillo, |
| | si entraras por esas puertas! |

| | |
|---|---|
| Bernardo | Trújome el Rey a su casa<br>segunda vez de mi celda,<br>donde estaba retirado<br>en San Salvador de Urrea. |
| Lázaro | ¡Juro a Dios, que es esto malo!<br>El Almirante se queja;<br>paréceme, memoriales,<br>que ya que el Rey no os provea,<br>no faltará quien lo haga<br>con vosotros, ello es fuerza,<br>que quien nació desdichado,<br>desdichado viva y muera. |
| Bernardo | Nunca yo por sus palacios<br>trocara montes y selvas.<br>Como juez fue, que engaña<br>con palabras lisonjeras<br>al delincuente que goza<br>la inmunidad de la iglesia.<br>Domo jugador he sido<br>que al que se levanta ruega<br>que a jugar vuelva una mano<br>y sin dineros le deja.<br>¿Quién dijera ya en mi casa<br>que segunda vez me viera<br>en aquesta Babilonia<br>de confusiones perpetuas? |
| Lope | Perdóname, que la voz<br>en la garganta se hiela,<br>y no te puedo hablar<br>vertiendo lágrimas tiernas.<br>Fortuna, ¿puede ser, es cosa cierta, |

que el Rey de su privanza le destierra?

(Vase don Lope, y sale el Secretario.)

Secretario          El Rey, mi señor, te manda,
                    don Bernardo, que le vuelvas
                    de su cámara la llave.
                    ¡Sabe el cielo si me pesa!

Bernardo            Pues me van ya despojando
                    mi ruina está muy cerca.
                    Vencióme mi desventura,
                    ¿qué mucho que hoy acometan?

(Toma la llave en la mano y mírala.)

                    ¿Mis honras? ¡Ah, cruel Fortuna!
                    Ésta es la pluma primera
                    de las alas que me diste,
                    volé con plumas ajenas.
                    Ésta es la pluma que abrió
                    a mi ventura la puerta;
                    entré con ella a privar
                    y con ella me echan fuera.
                    El Pedro fue de esta gloria,
                    y aunque mi lengua no niega
                    a mi Rey, hará mi llanto
                    señales en estas piedras.
                    Y si merecí su llave,
                    habrá tiempo en que merezca
                    piedad y lástima; amigo,
                    en una salva ponedla.
                    Al Rey, mi señor, decid
                    que no se abrirán con ella

las puertas de su justicia,
y dádsela en hora buena.

Secretario                  Fortuna, ¿puede ser, es cosa cierta
                            que el Rey de su privanza le destierra?

(Salen dos contadores.)

Contador I                  Su majestad nos envía,
                            señor, a tomaros cuenta
                            de lo que está a vuestro cargo
                            así en la paz como en guerra.

Bernardo                    Ya se ha acabado mi oficio,
                            pues me toman residencia;
                            cerca está mi sepultura
                            si el testamento me ordenan.
                            Diez años ha que yo vine
                            a palacio de mi aldea,
                            y entré en él con cien escudos
                            y una mediana cadena.
                            Esto, amigos, tomaré.
                            Lo demás, títulos, rentas,
                            haciendas, joyas y galas
                            al Rey, mi señor, se vuelvan.
                            Suyo es todo, él me lo ha dado,
                            si alguna cosa me deja,
                            será limosna, y así
                            cuentas excusáis inciertas.

Contador I                  Fortuna, ¿puede ser, es cosa cierta
                            que el Rey de su privanza le destierra?

Contador II                 ¿Qué me estás preguntado

si el Rey es hombre y éste es desdichado?

(Vanse don Bernardo y los contadores, y queda Lázaro.)

Lázaro             Pelando van a mi amo
                 de las insignias y prendas
                 de privado; como sarna
                 a mí desdicha se pega.
                 Ya me parece que miro
                 la quietud de nuestra aldea,
                 y aquel vivir tan despacio
                 o que ya a los dos nos cuelgan.
                 Fortuna, ¿puede ser, es cosa cierta
                 que el Rey de su privanza le destierra?
                 Mas, ¿qué estoy preguntando
                 si el Rey es hombre y yo soy desdichado?

                 Fin de la segunda jornada

## Jornada tercera

(Sale don Bernardo.)

Bernardo        Deja el agua el mar profundo
y por venas diferentes
echa rayos y echa fuentes.
riega los campos del mundo;
y al primero y al segundo
de los años que camina
torna el agua peregrina
al mar de donde salió,
porque este centro le dio
la mano de Dios divina.
Va, porque en el agua nace,
con los rayos del Sol sube,
y en forma de parda nube
sombras en los aires hace;
el mismo Sol la deshace
y en agua torna su esfera.
Tras de su edad placentera
muere el hombre y se resuelve
y a ser ceniza se vuelve
que es su materia primera.
No de otra suerte mi suerte
en el mundo me ha traído.
Nací pobre, rico he sido
por valor y pecho fuerte;
mas caminando a la muerte
a mi pobreza he tornado,
que el Sol que me ha levantado
ya me ha dejado caer
porque es forzoso volver
cualquiera cosa a su estado.

Tal estoy, que de hambre muero;
si éste es mi planeta, corra;
al Rey de Navarra quiero
escribir que me socorra.
Aquí hay papel y tintero.

(Siéntase a escribir y salen dos contadores.)

Contador I          ¡Qué pobre casa ha elegido!

Contador II         Cosas son del mundo vario.

Contador I          Nadie en ella ha parecido.
No hay yermo más solitario
que la casa de un caído.
   ¿Cómo están estas paredes
pobres, tristes y desnudas?
¡Ah, Fortuna! Mucho puedes.
Todo lo truecas y mudas.
Fueron humanas mercedes.
   Allí está escribiendo un hombre,
pregúntale por Cabrera.

Contador II         ¡Hola, buen hombre! ¡Buen hombre!

Bernardo            Si yo tan malo no fuera,
respondiérate a ese nombre.

Contador I          Don Bernardo, ¿dónde está?

Bernardo (Aparte.)  (Tal es la mudanza mía,
que no me conocen ya
estos hombres que algún día
me sirvieron.)

| | |
|---|---|
| Contador II | Razón da<br>de esto que te preguntamos. |
| Bernardo | ¿Así ponderas mi suerte?<br>Todos trocados estamos. |
| Contador II | No es mucho no conocerte<br>si tan flaco te miramos.<br>  ¡Válgame Dios, qué mudanza!<br>Señor, perdona, y no sientas<br>tus desdichas. [...  -anza |
| Bernardo | ...........]  ¿Hay más cuentas?<br>¿En qué, señores, me alcanza<br>  el Rey, mi señor? |
| Contador I |                      En nada;<br>antes es nuestra embajada<br>que doscientos mil ducados<br>que te han hallado sobrados<br>de tu renta secrestada<br>  digas de qué han resultado. |
| Bernardo | De mil ducados que a alguno<br>habré de limosna dado,<br>y como Dios da por uno<br>vida eterna y cien doblado<br>  doscientos mil sobrarán. |
| Contador I | Esta respuesta daremos. |
| Bernardo | ¡Qué aprisa mis cosas van,<br>llegadas a sus extremos! |

¡Qué rigurosas que están
mis desdichas!

(Salen don Lope y Roberto, con un escritorillo.)

Lope
                              Muy culpado
fuera yo en haber tardado
tanto en veros, mi señor,
si no fuera nuestro amor
el no haberos visitado.
        ¿Cómo estáis?

Bernardo
                              Solo, inocente,
desdichado, pobre y triste.
Dame guerra el mal presente,
mi paciencia la resiste,
y así estoy perpetuamente.
        ¿Qué dicen allá de mí?
¿Qué sospechan? ¿Qué es la culpa
que contra el Rey cometí?

Lope
Ninguno, señor, os culpa.
Vario es el vulgo, y así
        [.....        -osa]
éste sospecha una cosa,
aquél otra; pero todos
os honran de muchos modos.
Vuestra fama es la dichosa.
    No ha caído, y yo confío
que vuestra adversa fortuna
tendrá fin.

Bernardo
                              Y será el mío.
Sale el hombre de la cuna

como de la fuente el río;
va creciendo y caminando
hasta que en el mar se pierde.
Cuál vez se va dilatando
por un valle ameno y verde,
y cuál se va despeñando.
    Así en nuestra humana vida,
ya próspera, ya afligida,
ya se rinde, ya está fuerte,
hasta que llega la muerte,
donde sus males olvida,
    y así tendrán fin mis males.

Lope

Risa pienso ver el llanto
nuestro.

Bernardo

        Penas son iguales
a quien de silencio santo
violó los sacros umbrales.
    Si en virtud de mi inocencia
el Rey me diera licencia
para volver a mi casa,
fuera mi dicha no escasa
y pródiga mi paciencia.

Lope

        Para vivir en su casa
le dará su majestad,
y si en la vuestra se pasa,
amigo, la necesidad,
esto os da mi mano escasa.
    Aquellos seis mil ducados
que me disteis, ¿quién dijera
que habían de ser prestados
Nunca la Fortuna hiciera

balanza en nuestros estados.
Hoy, a quien tantas mudanzas
nos pesa, como cruel,
alcancen mis esperanzas
a ver, derecho en el fiel,
igual nuestras balanzas.
Lo que es vuestro os vengo a dar,
paga la podéis llamar,
y yo soy, queriéndoos bien,
el primero hombre de bien
que le pesa de pagar.

Bernardo     Ya, amigo, será locura
que del mundo nos quejemos,
porque dirán, si esto dura,
que entre nosotros tenemos
a medias nuestra ventura.
Con ella el uno ha ganado
para que el otro reciba
su parte; pero el cuidado
solo se lleva el que priva
y descansa el desdichado.
Tratado es de compañía;
que nuestra dicha parece
Sol, que en un polo es de día
cuando en el otro anochece.
Vuestra es la luz, ya no es mía.
¡Plegue a Dios que en noche oscura
tenga mi ventura Dios!
Si en no ser acerba y dura
consiste en faltar en vos
la luz de vuestra ventura.

Lope     Bien lo habéis encarecido.

| | |
|---|---|
| Bernardo | Estoy muy agradecido<br>en ver en vos tanta fe,<br>cuando a Lázaro envié<br>a que vendiese un vestido<br>   que acaso me había quedado.<br>¡Tal necesidad tenía! |
| Lope | Mucho me habéis lastimado. |

(Sale Lázaro con el vestido a cuestas.)

| | |
|---|---|
| Lázaro |    Nuevo está, ¡por vida mía!<br>El vestido es extremado.<br>   ¿Quién da más por el vestido?<br>Tres blancas me dan por él<br>y cincuenta escudos pido.<br>La ropilla fue de Abel<br>y las calzas de Cupido. |

(Las calzas sean atacadas.)

   Sacarnos podrán de mengua
y tienen más cuchilladas
que un rufián da con la lengua.
Digo que son extremadas
[......    -engua].
   ¿Quién las compra? Que su dueño
con hambre las vende hoy.

| | |
|---|---|
| Lope | Callo, necio. |
| Lázaro |           No pequeño.<br>[......    -oy] |

[....]

Lope
Yo te empeño
mi palabra que está loco.

Lázaro
Hanme dado por él poco,
y en pregones le ha traído
por si pujan  [...-ido]
[....]

Bernardo
Ya yo toco
en toda suerte de afrenta
y desdicha.

Lope
Alza, necio,
este escritorio, y ten cuenta
que hay en él joyas de precio.

Lázaro
¡A fe que tiene pimienta!
Muy bien pesa.

Lope
Ven después.
Daráte un vestido a ti
Roberto.

Lázaro
¿Quién?

Roberto
¿No me ves?
Yo mismo.

Lázaro
No es para mí
[.....        -és].
si por tu mano ha de ser.
¡Vive Dios!, que me ha de hacer

el ver aqueste bellaco
tan dichoso, que esté flaco
y que deje de beber.

Lope            Amigo, el Rey se va a caza
y he de prevenirle gente;
dame licencia y abraza
esta alma, que eternamente
será tuya.

Bernardo                 Si se enlaza
con mis brazos ese pecho;
que irá sin duda sospecho.

Lope            Adiós.

Bernardo            Él vaya contigo
y no te olvides, amigo,
de aqueste barro deshecho.

(Vanse don Lope y Roberto y sale un villano.)

Villano            ¡Pardiez!, que no lo creyera
si no estuviera mirando
esta casa desdichada
en que vive don Bernardo.
Más arreada es la mía
aunque de pobre villano,
sin paramentos de seda,
sin toldo, sin mayorazgo.
¡Esta es ya lástima grande!
¡Ah, señor, señor!

Bernardo                    Hermano,

                   ¿qué mandáis?

Villano                       ¿No me conoce?
¿No se acuerda que ha dos años
que al Rey le pedí mercedes
por dos hijos que finaron
en la guerra, y una bolsa
me dio para el entretanto?

Bernardo        De haberos visto me acuerdo,
mas no de eso que os he dado.

Villano          Olvidan luego los nobles
lo que dan, y no olvidan
lo que reciben; yo, al menos,
en aquesto he sido hidalgo.
A pagaros vengo, a fe,
lo que vos me habéis honrado,
no en dinero, en otra cosa
que os ha de hacer más al caso;
de negocios importantes
vengo a avisaros del campo.
Hablaré si estamos solos.

Bernardo        Hablad, que solos estamos.

Villano         Al Rey quieren dar la muerte.

Bernardo        ¡Válganme los cielos santos!

Villano         Oíd pues; que anoche estaban
tres soldados de don Carlos,
el Infante de Aragón,
recostado en un prado,

media legua de mi aldea,
donde estaba descansando.
Ellos, con la noche oscura,
no me vieron, y trataron
de matar al Rey en caza
esta noche, disfrazados,
junto al arroyo del monte,
entre unos lentiscos altos
que están cerca de la fuente.
En hábito de villano
se han de poner; y después
los tres vestidos compraron
en mi aldea a un labrador,
y así he venido a buscaros
que si dais al Rey la vida,
os volverá a su palacio,
donde os veréis como un tiempo,
favorecido y honrado.

Bernardo      Mereciera tal lealtad
una estatua de alabastro.
Goces en paz largos días
el fruto de tus ganados.
Preso estoy en esta casa
y, aunque obediente vasallo,
por dar la vida a mi Rey
he de romper su mandado.
Yo, amigo, me voy contigo,
que para esos tres bastamos.
Yo, la verdad y justicia,
y algunos de mis criados
en traje de labradores
será bien que nos pongamos
donde al Rey, mi señor, demos

la vida que deseamos.

Villano    Ya el Rey a caza partía
cuando entraba yo.

Bernardo    Pues vamos,
no peligre el Rey don Pedro
que guarde Dios muchos años.

(Vanse y salen don Lope y la Infanta.)

Lope    Si se halla la piedad
donde nace la nobleza,
mal puede haber en tu alteza
rigor, enojo y crueldad.
Remedia desdichas tales,
si no por pedirlo yo,
por el tiempo que adoró
esos ojos celestiales.
Si don Bernardo ha caído
por desdicha o desamor
del cielo de tu favor
al infierno de tu olvido,
ten, señora Infanta, de él
piedad y lástima tierna.
No ha de ser su caída eterna
como fue la de Luzbel;
que arrepentimiento cabe
en tu pecho y humildad,
aplaca a su majestad
con medio blando y suave.
Así tu hermosura viva
una edad, un siglo entero,
sin que del tiempo ligero

algún agravio reciba.

Violante         ¿Cómo me ruegas así
y ajenas obras disculpas,
habiendo en ti propio culpas
no perdonadas por mí?
    ¿Ya, don Lope, has olvidado
la subida a mi aposento?

Lope         De tan grave atrevimiento
el Amor me ha disculpado.

Violante         ¿Cómo te disculpa Amor?

Lope         Como de él ha procedido
el engaño que he tenido
de tanto precio y valor.

(Sale Dorotea.)

Dorotea (Aparte.)     (Don Lope está con la Infanta,
y aunque ha días que no puedo
hablarle, no pierdo el miedo
y los recelos de amanta.
    De amor tratan, no quisiera
que la Infanta le estimase.
Porque adelante no pase,
hablaré de esta manera.
(Tose Dorotea.)     Él hace que no me ve,
en vano son mis desvelos.
Él disimula y mis celos
van creciendo con mi fe.)
    Don Lope, el Príncipe llama.

Lope            Dame, señora, licencia.

(Vase Don Lope y le dice al pasar Dorotea.)

Dorotea         Nunca pruebes la paciencia
                de tu amigo ni tu dama;
                    que es locura.

Violante                        ¿Qué decías
                de paciencia y dama?

Dorotea                             ¿Yo?
                Ninguna cosa.

Violante                        Eso no;
                algo a don Lope reñías.
                    Dime, dime lo que pasa.

Dorotea         Si va a decir la verdad,
                él me tiene voluntad
                y así conmigo se casa,
                    queriendo el Rey, mi señor.

Violante (Aparte.)   (Digo, Amor, que eres injusto.
                ¡Oh, Amor! ¿De tan mal gusto
                me ibas inclinando amor?
                    Porque ocupase el lugar
                que en el casto pecho mío
                dejó Cabrera vacío
                le ha ayudado a levantar.
                    Hoy, don Lope, mis intentos
                es razón que se corrijan
                y que sujeto no elijan
                de tan bajos pensamientos.)

En efecto, ¿te ha servido?

| Dorotea | Estimó las prendas mías
aunque ya han pasado días
que hablarle no he podido. |

| Violante | Tu tercera pienso ser.
El vuelve y te dejo a solas. |

| (Aparte.) | (Las mujeres españolas
son amigas de saber.
Aquí tengo de escuchar.) |

(Vuelve don Lope y quédase escondida la Infanta.)

Lope          El Príncipe no me llama.

Dorotea       Quien ha perdido la dama,
              ¿para qué vuelve a jugar?
              Traidor, la Infanta se fue;
              bien pienso que a su hermosura
              te ha inclinado tu locura
              faltando a mi amor y fe.
              ¿Cómo te vas descuidando
              de no verme a la ventana,
              donde la fresca mañana
              me suele hallar esperando?
              ¿Cómo tus dulces papeles
              son ya rudos para mí?
              Sola soy yo la que fui.
              ¿No amas ya como amar sueles?

Lope          Mucho estimas, Dorotea,
              poder reñir tus engaños
              si agora ha trescientos años

eras linda o eras fea.

Si tu gravedad anciana
viste tocas y usa antojos,
¿por qué pusiste los ojos
en mi juventud lozana?

¿Por qué a mi amor engañaste
y ser la Infanta fingiste
los días que me escribiste
y las noches que me hablaste?

Y ya que me has engañado
a traición de esta manera,
¿por qué quieres que te quiera
cuando estoy desengañado?

Las veces que me engañabas
la Infanta moraba en mí;
tú eras su imagen y así
su gloria representabas.

En ti mi amor no paraba,
porque mi fe no quería
el sujeto que tenía,
sino aquél que imaginaba.

Porque de mí te has burlado
te maldicen mis razones,
y te doy más maldiciones
porque me has desengañado.

Nunca, ¡oh, falsa!, me engañaras
en nombre de nuestro dueño,
o ya que me vi en tal sueño
nunca de él me despertaras.

Que así estaba mi fortuna
dichosa, y a tiempo vengo,
que aquel mismo amor me tengo
sin esperanza ninguna.

Por desengañarte así

de que no estaba engañado,
entré una noche turbado
y en su cámara me vi.
  Yo cometí tal error
por tu causa, si escarmientas,
trueca en ayunos y cuentas
esos efectos de amor.

Dorotea          Escucha, espera.

Lope                      Un trabuco
quisiera esperar primero.

Dorotea          Has andado muy grosero.

Lope          Y tu seso muy caduco.

(Vase don Lope.)

Dorotea          Que en desprecio y desdén para
el amor que en éste vi.

(Sale la Infanta.)

Violante          Si fue la fiesta por mí,
pocas gracias a tu cara.
  ¡De manera que en mi nombre
has amado! ¡Amor discreto,
a no haber sido secreto,
recatado y sabio el hombre!
  ¡Qué bueno andaba mi honor!
¿Hete dado yo poder
para en mi nombre querer
a ninguno? ¿Es pleito amor?

| | |
|---|---|
| Dorotea | Pleito ha sido para mí, |
| | y con debida paciencia |
| | esperaré la sentencia, |
| | pues ya condenada fui. |
| | |
| Violante | Caballero a quien yo he dado |
| | los brazos y me ha querido |
| | creyendo que suya he sido, |
| | nació bien afortunado. |
| | Señales son que desea |
| | Amor casarle conmigo, |
| | solo te doy en castigo |
| | que le digas que me vea |
| | después y a su voluntad |
| | con el semblante propicio. |
| | |
| Dorotea | En eso me das oficio |
| | no de mucha autoridad. |

(Vanse Dorotea y la Infanta y salen tres soldados.)

| | |
|---|---|
| Soldado I | Cuando sale a cazar el Rey don Pedro |
| | a aqueste monte, casi viene solo, |
| | y de noche se va, y así podemos |
| | con ánimo seguro y atrevido |
| | tirarle alguna lanza o [algún] dardo; |
| | que el conocer la tierra, estos vestidos |
| | y el ser la noche oscura facilita |
| | el poder escapar nuestras personas. |
| | |
| Soldado II | Heroica cosa será y agradecida |
| | del Infante, alzaráse con el reino |
| | y en premio nos dará títulos grandes. |

Soldado I    El puesto que tenemos elegido
             entre aquesos lentiscos de ese arroyo
             me parece que está más a propósito
             porque descansa el Rey algunas veces
             a los márgenes verdes de las fuentes
             que cerca de ellos nacen.

Soldado III                      Yo no siento
             en aquesta ocasión salud ni fuerza
             para poder huír. O lo dejemos
             para otro día o lo podéis vosotros
             emprender.

Soldado I                   Una vez determinados,
             no perdamos la ocasión si es buena.

Soldado III   Que yo podré esperar en esa aldea.
              El suceso seguid de vuestra empresa.

Soldado II    El secreto, Fabricio, encomendamos.

Soldado III   Agravio es ése de mi noble pecho.
(Aparte.)     (Del intento que tuve me arrepiento.
              Al Rey avisaré, porque se guarde
              del temerario caso que se emprende.)

(Vase el Soldado III.)

Soldado II    En efecto, los dos intentaremos
              esta muerte del Rey.

Soldado I                      Agora temo
              el no querer Fabricio hallarse en ella.

| | |
|---|---|
| Soldado II | No sea cosa de que avise al Rey.<br>Por sí o por no, esta vez no se ejecute<br>la atrevida intención de nuestros ánimos. |
| Soldado I | Bien dices. |

(Salen don Bernardo, el Villano y Lázaro, vestidos de labradores.)

| | |
|---|---|
| Villano | Hoy, famoso don Bernardo,<br>al Rey darás la vida y bueno fuera<br>que trajeras más gente. |
| Bernardo | Vengo armado<br>debajo del sayal. |
| Lázaro | Y yo aforrado<br>con dos azumbres, que de pelo fuerte<br>sirven contra la sed, que ésa es mi muerte. |
| Villano | Esos que hablando están no son villanos,<br>y sospecho que son los dos traidores<br>que el puesto reconocen. |
| Bernardo | Los lentiscos<br>del arroyuelo, ¿cuáles son? |
| Villano | Aquéllos,<br>y allí se han de poner junto a la fuente<br>donde descansa el Rey algunas veces. |
| Bernardo | Un poco más arriba he de esconderme,<br>que el Rey está cazando y anochece.<br>A tus canas y edad no se permite |

**110**

ponerse en el peligro. Adiós te queda.

Lázaro             Di, señor, ¿no es mejor que al Rey se avise
                   y que él se guarde?

Bernardo                              No, que así no puedo
                   obligarle tan bien como con esto,
                   y así conoceré si está en peligro
                   y a faltar el remedio avisaremos.

Villano            Suceda todo bien.

(Vase el Villano.)

Bernardo                         Quiéralo el cielo.

Soldado I          De Fabricio, en efecto, me recelo.

Soldado II         Volvámonos agora, que otro día
                   mejor conoceremos nuestra empresa.

Soldado I          Buenos hombres, ¿el Rey está ya cerca?

Lázaro             Cazando está en la falda de este monte.

(Vanse los dos soldados.)

Bernardo           Sin duda que éstos son. Déme Fortuna
                   la mano esta vez. Lázaro, entremos
                   en los lentiscos.

Lázaro                            Caminar no puedo,
                   y a fe que es gran señal.

| | |
|---|---|
| Bernardo | ¿De qué? |

| | |
|---|---|
| Lázaro | De miedo. |

(Vanse don Bernardo y Lázaro y salen el Rey y el conde de Ribagorza y ellos quédanse entre los ramos.)

| | |
|---|---|
| Ribagorza | Honradamente derribaste al gamo. |

| | |
|---|---|
| Rey | A hurto le tiré. |

Ribagorza                            Es sabroso tiro.
¿Piensa tu majestad pasar la noche
en la casa del monte?

Rey                                 Sí, quisiera.
Lleguemos a la fuente que aprisiona
con lazos de cristal esos lentiscos,
a pesar de los tiempos, siempre verdes,
y allí esperar podremos los monteros.

(Sale un Montero con una carta.)

Montero            A toda diligencia llegó un hombre
de Navarra con ésta.

Rey                           El Rey me escribe:
«En vuestro reino está quien daros quiere,
primo, la muerte. No salgáis a caza.
El Rey.»

| | |
|---|---|
| Ribagorza | ¡Breves razones! |

Rey                            ¡Y espantosas!

(Sale el Soldado III.)

Soldado III            ¡Rey don Pedro, Rey don Pedro!
Que guarde Dios muchos días
el que llaman del Puñal,
Rey de Valencia y Sicilia.
No duermen tus enemigos
cuando estás en montería.
Si a la fuente llegas solo
en peligro está tu vida.
Entre esos verdes lentiscos
están dos que solicitan.
para el Infante don Carlos,
ser traidores y homicidas,
en hábito de villanos
que el traje al ánimo imita.

Rey            ¿Quién eres, ángel u hombre?
¿Quién eres tú que me avisas?

Soldado III         Rey, en aquesta ocasión
me importa que no lo diga.
Toma esta banda y después
lo sabrás cuando la pida.

Rey            Haréte entonces mercedes.

(Vase el Soldado III y salen los monteros.)

Conde          Señor, por tu causa mira,
que algún enemigo tienes
que sirve a Carlos de espía.
Los monteros han llegado,

**113**

|  | manda que todos embistan<br>contra los dos que te aguardan. |
|---|---|
| Rey | Los que matarme querían<br>están entre esos lentiscos;<br>buscadlos luego, aunque el día<br>se ausenta de todo punto. |
| Todos | ¡Mueran! |
| Ribagorza | Tú has tenido dicha. |

(Acometen y salen don Bernardo y Lázaro.)

|  |  |
|---|---|
| Bernardo | Voces oigo y dicen: «¡Mueran!».<br>Estos son y el Rey peligra.<br>Los cielos le favorezcan. |
| Todos | ¡Mueran! |
| Bernardo | Esta alevosía<br>ha de ser en vuestro daño.<br>No morirán si no quitan<br>del pecho el alma a Cabrera. |
| Ribagorza | ¡Dios me valga! ¿A quién no admira,<br>gran señor, este suceso?<br>¿No es aquélla la voz misma<br>de don Bernardo? |
| Rey | ¿Es Cabrera? |
| Bernardo | Sí, soy. |

Rey                        ¡Quitadle la vida!
                           ¡Muera el traidor que desea
                           mi muerte!

Lázaro (Aparte.)           (Nueva desdicha
                           pienso que ha de ser aquésta.)

Rey                        ¡Prendedle o muera!

Bernardo                   Rendida
                           tienes, gran señor, mi espada;
                           pero advierte que quería...

Rey                        ¡Calla, loco! ¿Osas hablar?
                           No le prendáis si porfía
                           a resistirse. ¡Matadle!

Bernardo                   ¿Quién hay que a su Rey resista?

Montero                    Con el villano vestido
                           armas encubre.

Rey                        Venía
                           prevenido el temerario.

Bernardo                   Por tu bien.

Rey                        ¡Calla! No digas
                           en mi presencia palabra.
                           Tu propia casa tenías
                           por cárcel, y esto merece
                           quien la pública te quita.
                           Preso le llevad.

| | |
|---|---|
| Bernardo | Señor,... |
| Rey | ¿Es posible que replicas? |
| Bernardo | Denme los cielos paciencia<br>en tan profundas desdichas. |

(Llévanle.)

| | |
|---|---|
| Rey | ¿Quién creyera tal suceso?<br>De suerte me maravilla<br>que la amistad de Cabrera<br>se me ha convertido en ira.<br>Cuando aquéste me matara<br>mi muerte era merecida,<br>pues que yo no se la di<br>cuando le escribió el traidor.<br>Los dos mi muerte querían.<br>Vencióme amor y callé.<br>Ya da voces la justicia<br>y si el Rey no castigara<br>al delincuente, anima<br>al poderoso. Tres Pedros<br>crueles desde hoy se digan. |

(Vanse el Rey y el conde de Ribagorza.)

| | |
|---|---|
| Lázaro | Ya se han ido a lo que entiendo<br>pues que Lázaro respira.<br>No revuelve los humores<br>la purga de una botica<br>tan aprisa como un miedo.<br>¡En batalla andan mis tripas!<br>¡Plegue a Dios no esté cazado |

**116**

como pájaro en la liga!
Yo me escapé lindamente,
pero escondíme en ortigas
y así me han disciplinado
cara y manos. ¿Qué desdichas
quedan ya que sucedernos?
Mil estrellas enemigas
tiene Cabrera; sin duda
que son las siete Cabrillas.
¡Bien ha librado mi amo!
A librar al Rey venía
y el Rey piensa que a matarle.
Paréceme que repican.
Guardar quiero mi pellejo,
no me lo pesquen e hinchan
de paja como a lagarto.
¡Más vale ser cuba viva!

(Vase Lázaro y salen don Lope y Dorotea.)

Dorotea              La Infanta quiere hablarte
                     esta noche y me mandó
                     que te avisase.

Lope                           Pues yo,
                     crédito no quiero darte.
                          Bástame ya, Dorotea,
                     lo de las noches pasadas;
                     tras de burlas tan pesadas,
                     ¿quién ha de haber que te crea?
                          ¡La Infanta de noche a mí!
                     Bien sé que no puede ser.

Dorotea              Mira que te quiere ver.

| | |
|---|---|
| Lope | ¿Díceslo de veras? |

Dorotea

        Sí.
Considera que has vencido
el mucho amor de mi pecho,
pues que con celos deshecho
visita ajena te pido.

Lope

     Harás que te estime y quiera,
que en el arpa del Amor
a veces tienen valor
igual la prima y tercera.
    Y así por hijo me ganas
pues pareciera muy mal
que yo, sin ser Anibal
entre en batalla de canas.
    Que haré lo que mandas digo
pues obedecerla es ley.

Dorotea (Aparte.)

(Yo me vengaré, y al Rey
porque me case contigo,
   le diré que eres mi amante.
Pues me has llamado tercera,
yo te ganaré a primera.
Y a fe que ha de ser pasante.)

(Vase Dorotea.)

Lope

    Dame, Ocasión, tu copete
si así mi bien te desvelas.
¡Hola!

(Sale Roberto.)

**118**

| | |
|---|---|
| Roberto | ¿Señor? |

| | |
|---|---|
| Lope | Poned velas |
| | encima de aquel bufete. |

(Sáquelas y sale Leonora.)

| | |
|---|---|
| Leonora | Don Lope, ilustre y gallardo, |
| | que hoy eres a tu pesar |
| | Almirante de la Mar |
| | porque lo que don Bernardo, |
| | movida a lástima estoy |
| | de ver cómo el Rey le impuna, |
| | de cuya adversa fortuna |
| | sospecho que parte soy. |
| | El Rey me casó con él |
| | y después, arrepentido, |
| | de modo le ha perseguido |
| | que le llaman «el cruel». |
| | Yo en aquella inclinación |
| | que le tuve persevero. |
| | Fue señor, es ya escudero |
| | y una es siempre mi afición. |
| | Dile que si ha menester |
| | mi hacienda, que me la pida, |
| | que le ofrezco honor y vida. |

| | |
|---|---|
| Lope | Eres varonil mujer. |

(Salen el Rey, vestido de caza con una carta en las manos, el Secretario, el conde de Ribagorza, el conde de Trastámara y don Ramón.)

| | |
|---|---|
| Rey | Don Lope, un emperador, |

cuando colérico estaba,
a un espejo se miraba
para templar su rigor.
  Yo, que sin pasión alguna
con justa razón me aíro,
si a un espejo no me miro
quiero mirarme en tu Luna.
  El monte y la caza dejo,
la causa saberla puedes;
pero el hacerte mercedes
hoy me servirá de espejo.
  De Alejandro se decía
que al tiempo que sentenciaba
a aquél que culpado estaba
a otro mercedes hacía.
  Seguir quiero el orden suyo
en favor de tu fortuna;
Donde te hago de Luna,
tu solar te restituyo.

Lope      Besaré tus reales pies
          por esta merced; mas temo,
          gran señor, que el otro extremo
          también en mi daño es.
            Las mercedes que me haces
          grandes son; mas viene junto
          mi mal, porque al mismo punto
          a don Bernardo deshaces.

Rey       Tu enemigo fue y calló
          el autor de tus hazañas.

Lope      Señor, si te desengañas,
          sabrás que lo quise yo;

no le llames mi enemigo.

Rey               Eslo mío, y con razón,
pues de su misma traición
yo mismo he sido testigo.
   ¡Ah, don Urgel!

Secretario            ¿Señor?

Rey                     Hoy
notificas a Cabrera
sus cargos, y luego muera:
solas dos horas le doy.
   Determino que no es bien,
viendo yo mismo sus culpas,
ver descargos ni disculpas.

(Dale el papel.)

Lope              Señor, el brazo detén
   de tu rigor, considera
que estos contrarios extremos
son mi muerte, pues tenemos
sola un alma yo y Cabrera.
   Trocarnos las manos puedes;
pues uno somos. Advierte
que puedes darme su muerte
y a él hacerle mil mercedes.

Rey (Aparte.)     (Haráse culpado.)
                     Calla,
tal no pidas.

Leonora             Rey famoso,

así vencedor dichoso
salgas de cualquier batalla,
  que adviertas que me otorgaste
casarme con él, y puedo
pues que casi viuda quedo,
suplicarte ya que baste
  tu rigor.

Rey                                    Leonor, marido
tendrás de tal condición
que dé reyes a Aragón:
bien sabes si te he querido.
  Daros un ejemplo quiero,
aunque me llamen por él
mis enemigos cruel,
mis amigos justiciero.
  Haz eso que te he mandado.

Leonora          ¡Gran señor!

Lope                              ¡Señor, no muera!

Leonora          ¡Ah, desdichado Cabrera!

(Vase doña Leonora.)

Lope             Di, don Lope desdichado.
  Muera yo, que es más razón,
aunque ya mis ojos dan
tantas lágrimas que están
distilando el corazón.
  Yo di la muerte a Leonido,
démela tu majestad.

| | |
|---|---|
| Rey (Aparte.) | (La fuerza de la amistad<br>a decirlo le ha movido.) |
| Secretario | Ya su vivir es violento<br>y él mismo creo que viene<br>a su muerte, como tiene<br>por cárcel este aposento. |

(Sale don Bernardo con una cadena al pie.)

| | |
|---|---|
| Bernardo | El que la prisión suave<br>de las religiones deja,<br>necio está cuando se queja<br>de cadena y cárcel grave. |
| Secretario | ¡Ah, mi señor don Bernardo! |
| Bernardo | ¿Quién me llama? |
| Secretario | Don Urgel. |
| Bernardo | Allí el Rey, vos con papel,<br>¡qué malas nuevas aguardo! |
| Secretario | Yo, señor, en años largos<br>dichoso os quisiera ver. |
| Bernardo | Presto venís a leer<br>mi sentencia. |
| Secretario | Estos son cargos. |
| (Cargos.) | Primeramente resulta estar culpado don Bernardo<br>de Cabrera en no haber agradecido a su majestad el |

haberle hecho Conde de Val, Almirante de la Mar, con los demás títulos, ni el tenerle escogido para esposo de la serenísima Infanta, hermana suya.

Item: se le hace cargo de la muerte de Leonido, músico de la cámara.

Item: el no haber manifestado las hazañas de don Lope de Luna para que su majestad las premiase.

Item: su gravísima culpa en haberse carteado con el Príncipe don Carlos, ofreciéndole haría lo que mandase y el haber salido de la prisión en que estaba a dar muerte al Rey, como de hecho lo hiciera si su majestad no estuviera avisado.

Notifícasele que se le darán dos horas de término para vivir y confesar.

Bernardo          Juro al Rey más verdadero,
                         dador de divina ley
                         que muero sin culpa. Rey,
                         mira que sin culpa muero.
                           Ingrato jamás he sido,
                         Rey, ni a don Lope encubrí
                         hazañas, su amigo fui,
                         ni di la muerte a Leonido.

(Vase el Rey.)         Matarle fuera locura
                         pero muerto le hallé
                         y a la iglesia le llevé
                         para darle sepultura.
                           Al Infante sí escribí
                         pero escribí de manera

(Vase el Conde de Ribagorza.)

                         que cuando mi Rey lo viera
                         no se quejara de mí.
                           De mi casa, estando preso,
                         salí porque me decían
                         que darte muerte querían

y la quebrantó por eso
  mi conocida lealtad;
y así a este proceso largo
solo esto doy por descargo.
Ampare Dios mi verdad.

(Vanse todos y haya un retrato del Rey sobre un bufete y tómalo en la mano
y diga lo siguiente.)

Solo y triste me han dejado;
mal me podré disculpar
que nadie quiere escuchar
las quejas de un desdichado.
  Pero vos a tanto mal
estaréis atento un rato;
quejarme quiero al retrato,
pues huyó el original.
  Señor, mi causa no oída,
no me deis la muerte vos
y pareceréis a Dios
que es el dador de la vida.
  Acordaos de la batalla
en que a Génova vencí;
mas ya me decís que sí,
porque otorga aquel que calla.
  Pues sois luz, Rey español,
ved mi inocencia con ella;
pero el Rey es luz de estrella,
solo Dios es luz del Sol.
  Si poca luz podéis dar
en esta verdad oscura,
siendo sombra la pintura,
¿cómo la podrá alumbrar?
  ¡Plegue al cielo que tan alta

tengáis la dicha real
que este vasallo leal
nunca llegue a haceros falta!
    No deshagáis los privados
porque hay culpas aparentes,
enemistad en las gentes
y desdicha en los privados.
    Mirad si soy desdichado,
pues con el mal que hoy recibo,
para el cargo os hallo vivo,
para el descargo pintado.
    Cerca está el fin, aunque ausente
de mis infelices casos,
porque las honras son pasos
que damos para la muerte.
    Y siendo así, en mi jornada
pocos hay que darse puedan
pues solos dos pasos quedan
para entrar en la posada.
    ¡Yo, señor, vuestro homicida!
¡Yo traidor! ¿Cómo no veis
que solo porque queréis
huelgo de daros mi vida?
    Y si ya dueño no soy
de esta vida que quitáis,
las dos horas que me dais
para vivir, os las doy.
    Corten luego mi cabeza,
ponedlas a vuestros días,
que en eternas monarquías
vivirá vuestra grandeza.

(Sale don Lope de negro.)

| | |
|---|---|
| Lope | ¡Oh, amigo! |
| Bernardo | ¡Luz y alma buena |

de este cuerpo y de esa Luna!
¿Quién duda que andas en pena
y que mi adversa fortuna
a ese eclipse te condena?
  Ya, amigo, ha llegado el día
en que la desdicha mía
tiene fin, y porque sientas
como propias mis afrentas,
que muero inocente fía.
  Hoy usa el Rey de Aragón
de leonero la invención,
que delante el león que ata
castiga un perro y le mata
para que tema el león.
  Tú eres, don Lope de Luna,
león; yo, en miserias bajas,
perro soy sin duda alguna,
pues vivo de las migajas
de tu próspera fortuna.
  En la lealtad perro fui;
siempre amé, siempre seguí
a mi dueño, y de esta suerte
me matan porque mi muerte
te sirva de ejemplo a ti.
  Teme, amigo, la grandeza,
que son las honras violentas,
y en los hados no hay firmeza;
dichoso tú que escarmientas
en una ajena cabeza.
  Sueño es la vida pasada;
la fortuna imaginada;

la presente no es segura
y así el morir es ventura
porque la vida no es nada.
  Sombra fue desvanecida
mi ventura, y fue una flor
marchita un tiempo, y cogida
fue un relámpago, un vapor,
y aquesto mismo es la vida.
  Mi padre y mi hijo, entiendo
que vienen ya, descuidados
del mal que estoy padeciendo.
Tenlos por encomendados
y a Dios el alma encomiendo.

Lope                 ¡Oh, amigo!

(Abrázanse.)

Bernardo                      No digas más,
harto has dicho.

Lope                              ¿Que a la muerte
vas?

Bernardo              Que sin mí estarás.

Lope              ¿Que más no tengo de verte?

Bernardo         Que te dejo.

(Vase don Bernardo.)

Lope                      ¿Que te vas?
          Mis lágrimas al encuentro

saldrán de tanta pasión,
y si de sangre no son,
no salgan, quédense dentro.
   Vida, si en esto que veis
el sentimiento no os mata,
diré que sois vida ingrata,
villana vida seréis.
   Vos, corazón, si deshecho
no estáis, muriendo Cabrera,
diré que sois una fiera
y os sacaré de mi pecho.
   Alma, si con mucha fe
no sentís aqueste mal,
no os llamaré racional,
alma de bruto os diré.
   Ojos, que mirando estáis
penas que ablandan los riscos,
ojos sois de basiliscos
pues llorando no cegáis.
   Aliento, yo sé deciros
que os llamaré de león
si en cada respiración
no dais perpetuos suspiros.
   Y vos, seso, mucho o poco,
si en esta ocasión no os pierdo,
no podré llamaros cuerdo,
que es locura el no estar loco.
   Sentid, pues, que vuestro oficio
ya es perpetua confusión,
alma, vida y corazón,
ojos aliento y juicio.
   Ya viene llorando el alba
esta muerte de Cabrera;
ya el Sol, que el alba espera,

con rayos hace la salva.
   Yo di la muerte a Leonido;
yo merezco, gran señor,
aquesta muerte mejor;
justicia de mí te pido.

(Vase don Lope y sale el Villano.)

Villano                    Los rayos del Sol venidos
dejan sus sueños suaves,
cumbres, peces, sierras, aves,
casa, cuevas, hojas, nidos.
   Con las lágrimas doradas
del alba, en hierbas distintas,
ya parecen verdes cintas
del blanco aljófar bordadas.
   Del Sol, que a vivir ayuda,
los rayos se nos ofrecen
que entre las nubes parecen
madejas de seda cruda.
   Bien he hecho en madrugar
por saber de qué manera
don Bernardo de Cabrera
su dueño pudo librar.

(Salen don Sancho, padre de don Bernardo, y García, su hijo.)

Sancho                    Esta que miras, García,
es Zaragoza la bella;
don Bernardo vive en ella,
padre tuyo y alma mía.
   Días ha que me escribió
que te trujese a gozar
de la merced singular

que siempre en el Rey halló.
  Yo hasta agora no he querido
con mi edad y tu niñez
ver la corte, que una vez
su confusión he huido.
  Pero ya que eres mayor
y a nuestro Rey servir puedes,
bien es que a tantas mercedes
te ofrezcas lleno de amor.

García            Dígame, señor abuelo,
¿cómo ha días que no escribe
mi padre ni nos recibe
nadie en su nombre?

Sancho                        Recelo
que debe de sospechar
que caminamos a espacio.

García            Vaya Ricardo a palacio.

Sancho            Por fuerza habré de avisar.

García            Voces oigo.

Sancho                 Y mucha gente
entre tantas voces llora.
¿Qué es esto?

Villano                 Sabráse agora,
que vienen hacia la puente.

(Salen el Tambor tocando y un Verdugo trae en la mano una cabeza y en la otra mano un palo.)

| | |
|---|---|
| Tambor | Este pago da la ley |
| | a la soberbia cabeza |
| | que por verse en mucha alteza |
| | quiso matar a su Rey. |
| | Ponerla de esta manera |
| | manda el Rey, nuestro señor. |
| | |
| Sancho | ¿Quién ha sido este traidor? |
| | |
| Tambor | Don Bernardo de Cabrera. |
| | |
| Sancho | ¿Quién dices? |
| | |
| Tambor | El Almirante |
| | que fue de la Mar. |
| | |
| Sancho | ¿Qué vida |
| | le queda a un alma afligida |
| | en desdicha semejante? |
| | ¡Ay, infelice de mí! |

(Desmáyase don Sancho en los brazos del Villano.)

| | |
|---|---|
| Villano | El viejo se ha desmayado. |
| | |
| García | ¡Padre, padre desdichado! |
| | ¿Cómo os vengo a ver así? |
| | Nunca pude presumir |
| | oyendo vuestra grandeza |
| | que sola vuestra cabeza |
| | nos saliera a recibir. |
| | El mundo famoso os llama |
| | y el cuerpo os ha dividido |

para que estéis extendido
tanto como vuestra fama.
    Con sangre dicen que vio
de enemigo suyo un ciego,
dichoso seré si ciego
con la de mi padre yo.
    Dejas que llegue a mis ojos
la sangre que el ser me ha dado,
pues que yo no la he llorado
en tan funestos despojos.

Sancho         ¿Por qué fáciles desmayos,
fuerte corazón, os vienen?
Pero las desdichas tienen
la calidad de los rayos.
    En el corazón más fuerte
hace mayor impresión;
ánimo, pues, corazón,
que hay mayor mal que la muerte.
    Dadme ese cuello no enjuto
pues soy tronco desdichado
de ese ramo desgajado
con el peso de su fruto.
    Ese tronco es mi regalo;
tronco soy, viejo y deshecho,
clavádmele en este pecho,
yo estaré en lugar del palo.
    Cabeza, llegad a mí,
que en mi sangre estáis teñida
y quizá os daré la vida
como otra vez os la di.
    Hijo, viendo tu grandeza,
temí te habías de ver
donde pudieses caer

y quebrarte la cabeza.
Mi consejo principal
fue que no apetecieses
estado que si cayeses
no te hiciese mucho mal.
No le tomaste, subiste,
tu ventura se cansó,
y así he venido a ser yo
el centro donde volviste.
Viéndote aprisa ensalzar,
dijo un amigo que tuve:
«¿Veis la prisa con que sube?
Pues con más ha de bajar.»
Porque la privanza es coso,
toro la envidia, el privado
le corre, y le ha derribado
muchas veces, que es furioso.
¡Cuánto mejor te estuviera
contentarte con tu estado!
Caballero eras honrado;
sangre te di de Cabrera;
pretendiste tu locura
que fue subir y caer,
y ya voy a pretender
que el Rey te dé sepultura.

(Vanse don Sancho y García.)

Villano                  Su padre y su hijo son.
¡Qué espectáculo tan triste!
Ninguna culpa tuviste,
corona y pies de Aragón.
Voces al Rey pienso dar,
[.....        -ente];

pues llora toda la gente.
¡Ojos, bien podéis llorar!

(Vanse todos. Salen el Rey, el conde de Trastámara, la Infanta, doña Leonora y el conde de Ribagorza.)

Ribagorza         Prometo a tu majestad
que dicen [ya] tantas lástimas
los huérfanos en las calles
y las viudas en sus casas,
en hospital los enfermos
y los pobres en las plazas,
que a las entrañas más duras
mueven a piedad y ablandan.
Mucho, señor, se ha sentido
de don Bernardo la falta,
mucho su muerte se llora,
mucho tu justicia espanta.

Rey         Yo mismo su muerte lloro.
Quísele como a mi alma;
fue el más famoso soldado
que vieron Grecia e Italia.
Del gran Trajano se dice
que tiernamente lloraba
cuando a alguno daba muerte,
¿qué mucho si esto me pasa?
Pero fue justicia hacerlo.

Leonora         Y si cruel te llamaban,
ya, ¿qué dirán?

Rey                 Justiciero.

(Sale el Secretario con una carta.)

Secretario

El Gobernador de Jaca
tiene preso al secretario
del Infante, que a Navarra
iba de aquí disfrazado,
y le ha quitado esta carta.

Rey

¡Si es la que le vi escribir
a don Bernardo! ¡Ella es! Basta
que no ha llegado a sus manos.
De su letra está firmada.

(Léela.)

«De que me escribas así
tan corrido estoy que helada
está mi lengua de ver
que mi gran lealtad infamas.
Si sabes que bien reinó
el Rey, mi señor, y es causa
tan piadosa el perdonar
volver procura a su gracia
y entonces te serviré
con la vida y con la espada.
Hazlo, Infante, de esta suerte,
y a fe que mucho te valga.
Don Bernardo de Cabrera.»
¡Éstas fueron las palabras
que le oí! ¡Válgame Dios,
cuántos engaños se hallan
en el hombre!

(Sale el Soldado III.)

Soldado III                              Rey famoso,

|  |  |
|---|---|
|  | a pedir vengo una banda<br>que anoche te di en el monte. |
| Rey | ¿Eres tú el que me avisabas<br>que darme muerte querían? |
| Soldado III | Sí, señor. |
| Rey | ¿Quién procuraba,<br>amigo, darme la muerte? |
| Soldado III | Dos soldados que enviaba<br>tu hermano. |
| Rey | ¿No fue Cabrera? |
| Soldado III | No, señor. |
| Rey | ¡Qué gran desgracia! |
| Soldado III | Yo confieso que a lo mismo<br>vine también de Navarra,<br>diciéndoles que a lo propio<br>por avisar a tu sacra<br>majestad. |
| Rey | ¡Válgame el cielo!<br>¡Qué desdichas tan extrañas! |
| Violante | Pues, ¿cómo pudo Cabrera,<br>con el disfraz y las armas,<br>hallarse allí en aquel punto? |
| Ribagorza | ¡Qué confusión! |

Trastámara                          ¡Qué mudanza!

(Salen don Sancho, García y el Villano.)

Sancho                  Invicto Rey de Aragón,
                        a tus pies tienes postrada
                        del desdichado Almirante
                        la sucesión y la casa.
                        Padre e hijo somos suyos,
                        entre nosotros se halla
                        la vida que le quitaste;
                        ya murió, su honor ampara.
                        Un testigo te traemos
                        de su amor. Amigo, habla.
                        Di lo que anoche pasó.

Villano                 Darte la muerte trazaban
                        en el prado del arroyo,
                        dos noches ha, tres que estaban
                        descuidados de que yo
                        los oía, y como amaba
                        a don Bernardo, avisélo
                        porque volviese a tu gracia.
                        Tres vestidos de villanos
                        le compraron a Menalca,
                        un labrador de mi aldea
                        y en efecto concertaban
                        que junto a la clara fuente,
                        cuando el Rey saliese a caza,
                        le matarían. Cabrera,
                        con mi sayo y con mis armas
                        se metió entre los lentiscos.

| Soldado III | Buenas señas da. Así pasa. |
|---|---|
| Rey | ¡Mal haya el rey que a las culpas |
| | crédito da sin mirarlas |
| | con atención y cuidado |
| | extraordinario! ¡Mal haya |
| | el que deshace su hechura |
| | fácilmente, pues se engañan |
| | los ojos del rey a veces, |
| | y hay informaciones falsas! |
| | Miren los reyes primero |
| | a quién favorecen y aman |
| | y después tengan firmeza. |
| | Sus hechuras no deshagan |
| | sin mucha causa. ¡Ay de mí! |
| | Llamen cruel a quien mata |
| | sus amigos de este modo. |
| | ¡Oh, tragedia desdichada! |

(Saquen dos soldados a Lázaro atado.)

| Soldado I | Este es aquél que huyó |
|---|---|
| | cuando con Cabrera estaba |
| | anoche, y preso le traen |
| | los monteros de tu casa. |

| Rey | Suéltale de esas prisiones |
|---|---|
| | y las manos desenlaza, |
| | que sirvieron aquel ángel |
| | que lo ha sido de mi guarda. |
| | Lleguen, don Sancho y García, |
| | ¿cómo, cómo no me abrazan? |
| | Pero bien hacéis, huid |
| | de persona tan ingrata. |

| | |
|---|---|
| Lázaro | Gran señor, ¿podréme ir? |
| Rey | No, que quiero que en mi casa<br>viváis con honrado oficio. |
| Lázaro | ¡Ea! Es burla. |
| Rey | Bien te espantas<br>de ver piadoso a un cruel.<br>Don Sancho, mis reinos manda;<br>los oficios de tu hijo<br>te doy, hónrenme tus canas.<br>Con grande pompa se entierre<br>mi don Bernardo. Sean hachas<br>y lámparas las estrellas;<br>túmulo el cielo y basas<br>los montes, luto la noche,<br>llanto el mar con toda el agua.<br>A García sus estados<br>restituyo, y a la Fama<br>la honra del mejor hombre<br>que celebró con sus alas. |

(Sale don Lope con un capuz de luto.)

| | |
|---|---|
| Lope | Gran señor, dame la muerte<br>[más] en mí las culpas se hallan<br>que en don Bernardo, mi amigo<br>Yo di muerte, aunque con causa,<br>a Leonido. Desmintióme.<br>Testigo de esto es la Infanta;<br>yo también, como atrevido,<br>subí una noche a su cuadra; |

**140**

|        |                              |
|--------|------------------------------|
|        | ella diga si merezco         |
|        | esta muerte. Ya me cansa     |
|        | la vida, muerto mi amigo.    |
| Rey    | Tienes nobles las entrañas,  |
|        | y si a Cabrera pensé         |
|        | Dar por esposo a mi hermana, |
|        | a quien es otro Cabrera      |
|        | se la he de dar. Bella Infanta, |
|        | con don Lope desposada,      |
|        | te doy en dote y arras       |
|        | a Segorbe.                   |
| Violante | Haré tu gusto.             |
| Lope   | Que viva dos veces mandas.   |
| Rey    | Yo con Leonor me desposo.    |
|        | La casa de Trastámara        |
|        | reyes dará a Aragón.         |
| Leonora | Con tanta merced honrada... |
| Trastámara | Viva un siglo tu persona. |
| Dorotea | Así se quedan burladas     |
|        | las que quieren ser Raqueles |
|        | cuando son Lías y Saras.     |
| Rey    | Ya la inocente tragedia      |
|        | aquí, senado, se acaba       |
|        | y asi Lisardo suplica        |
|        | perdonéis sus muchas faltas. |

Fin de la comedia

## Libros a la carta

A la carta es un servicio especializado para
empresas,
librerías,
bibliotecas,
editoriales
y centros de enseñanza;
y permite confeccionar libros que, por su formato y concepción, sirven a los propósitos más específicos de estas instituciones.

Las empresas nos encargan ediciones personalizadas para marketing editorial o para regalos institucionales. Y los interesados solicitan, a título personal, ediciones antiguas, o no disponibles en el mercado; y las acompañan con notas y comentarios críticos.

Las ediciones tienen como apoyo un libro de estilo con todo tipo de referencias sobre los criterios de tratamiento tipográfico aplicados a nuestros libros que puede ser consultado en Linkgua-ediciones.com.

Linkgua edita por encargo diferentes versiones de una misma obra con distintos tratamientos ortotipográficos (actualizaciones de carácter divulgativo de un clásico, o versiones estrictamente fieles a la edición original de referencia).

Este servicio de ediciones a la carta le permitirá, si usted se dedica a la enseñanza, tener una forma de hacer pública su interpretación de un texto y, sobre una versión digitalizada «base», usted podrá introducir interpretaciones del texto fuente. Es un tópico que los profesores denuncien en clase los desmanes de una edición, o vayan comentando errores de interpretación de un texto y esta es una solución útil a esa necesidad del mundo académico.

Asimismo publicamos de manera sistemática, en un mismo catálogo, tesis doctorales y actas de congresos académicos, que son distribuidas a través de nuestra Web.

El servicio de «libros a la carta» funciona de dos formas.

1. Tenemos un fondo de libros digitalizados que usted puede personalizar en tiradas de al menos cinco ejemplares. Estas personalizaciones pueden ser de todo tipo: añadir notas de clase para uso de un grupo de estudiantes, introducir logos corporativos para uso con fines de marketing empresarial, etc. etc.

2. Buscamos libros descatalogados de otras editoriales y los reeditamos en tiradas cortas a petición de un cliente.